W0039842

Bärbel Mohr
Die 21 goldenen Regeln

Bärbel Mohr

DIE *21* GOLDENEN REGELN

Wie Deine Bestellungen beim Universum sicher ankommen

Allegria

Allegria ist ein Verlag der Ullstein Buchverlage
GmbH
Herausgeber: Michael Görden

ISBN 978-3-7934-2193-1

© 2010 by Ullstein Buchverlage GmbH, Berlin
Umschlaggestaltung: Hilden Design München
Titelabbildung: © Galushko Sergey und
Imrich Farkas/shutterstock
Gesetzt aus der Goudy
Satz: Keller & Keller GbR
Druck und Bindearbeiten:
CPI - Clausen & Bosse, Leck
Printed in Germany

INHALT

EINFÜHRUNG

Liebe Leserinnen und Leser,

vielleicht habt ihr ja schon mal ein Buch zum Thema Wünschen oder eins meiner Bücher zum Thema »Bestellungen beim Universum« gelesen. Aber möglicherweise ist dies ja auch das erste Buch zu diesem Thema, zu dem ihr gegriffen habt oder das ihr geschenkt bekommen habt. Für diesen Fall möchte ich hier kurz zusammenfassen, was eine »Bestellung beim Universum« überhaupt ist.

Beim Universum zu bestellen bedeutet, die Schöpfung als Ganzes um Hilfe zu bitten, wenn man bei einem Problem nicht weiterkommt.

Ich habe es Universum genannt, aber du kannst auch Gott, Schöpfung, Schutzengel, Allah, höheres Selbst oder was auch immer dazu sagen. Je nachdem, welcher Adressat sich für dich am richtigsten anfühlt.

Aus meiner Sicht leben wir in einem Universum, das wir selber sind. Gott hat die Welt nicht erschaffen, sondern ist die Welt geworden. Aus dieser Perspektive betrachtet, sind wir alle individuelle Bestandteile eines lebendigen Ganzen, und alles ist letztlich eins.

Wenn aber alles eins ist, dann ist es gleichgültig (im Sinne von: alles gilt gleichermaßen), wie du diese Alleinheit ansprichst oder welchen Teil daraus. Am Ende sind es immer wir selbst, die mit uns selbst Kontakt suchen. Als eigenständige Bestandteile dieser Alleinheit sind wir immer mit dem Ganzen verbunden: Das ganze Universum hört uns stets zu, es antwortet uns und reagiert auf das, was wir aussenden.

Die einzige Frage ist, ob wir die Antworten hören.

Damit wir sie besser hören und verstehen, habe ich dieses Büchlein mit »21 goldenen Regeln und Übungen« geschrieben.

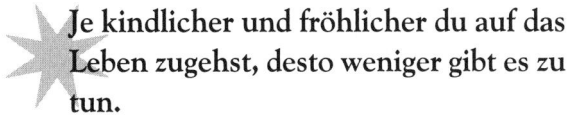 **Je kindlicher und fröhlicher du auf das Leben zugehst, desto weniger gibt es zu tun.**

Aus der Sicht indischer Meister ist die Welt nicht zum Abarbeiten von Sünden erschaffen worden. Denn wenn es keine Gelegenheit zum Sündigen hätte geben sollen, wäre die Erschaffung der Welt einfach unterblieben. Im Fernen Osten ist man überzeugt, dass Gott die Welt aus Freude erschaffen hat. Und der Mensch drückt seine Wertschätzung für das Wunder der Schöpfung aus, indem er zum Hüter alles Lebenden wird. Mangelnde Wertschätzung drückt sich somit in mangelnder Fürsorge für Mensch, Tier und Natur aus.

Aus Sicht dieser Meister sind glückliche Menschen dem Göttlichen und ihrer eigenen Schöpferkraft am nächsten, denn Glück ist die Schwingung des Göttlichen.

Je mehr Dankbarkeit und Wertschätzung du für das Leben hast, je glücklicher und kindlich unbefangener du bist, desto leichter fällt es dir, dich automatisch vom Leben lenken und führen zu lassen. Wer singen, tanzen,

lachen und kindliches Spiel in sein Leben
integriert, ist geführt und hört die Antworten des Universums. Und er braucht vermutlich dieses Buch nicht zu lesen, denn er hat
bereits alles, um erfolgreich mit dem Universum kommunizieren zu können.

Je mehr an fröhlicher Präsenz im Augenblick wir schon verloren haben oder je stei-
fer, abgestumpfter und unfröhlicher wir im
Alltag bereits geworden sind, desto mehr
Übung werden wir brauchen, um wieder zurück zu unserer wahren Natur zu finden und
um die Stimme des universellen Lieferboten
auch stets rechtzeitig zu hören.

**Unsere inneren Zustände erschaffen
unsere äußeren Umstände.**

Dazu gab es neulich einen interessanten Bei-
trag in meinem Forum (auf www.baerbel
mohr.de). Jemand hatte das Buch »Ich weiß,
was du denkst« von Thorsten Havener gelesen und darin die Beschreibung einer Studie
von Richard Wiseman gefunden.

Dieser hatte nach Menschen gesucht, die
sich selbst entweder als Glückspilze oder als

Pechvögel bezeichnen. Und dann machte er mit beiden Personengruppen ein ähnliches Experiment wie das bei dem Aufmerksamkeitstest »moonwalking bear« auf YouTube (http://www.youtube.com/watch?v=Ahg6q cgoay4). Dort spielen eine weiße und eine schwarze Mannschaft Ball, und man soll zählen, wie oft die weiße Mannschaft den Ball fängt. Man ist also ganz auf die weiße Mannschaft konzentriert und zählt brav die Ballwürfe. Wenn dann allerdings der Kommentator am Ende fragt, ob man den tanzenden Bären gesehen hat, der übers Spielfeld gegangen ist, ist man in der Regel fassungslos: »Bär? Welchen Bär?«

Es ist tatsächlich ein als Braunbär verkleideter Mensch quer durch die Spieler getanzt, und die meisten Menschen übersehen ihn. Warum? Ganz einfach: Weil sie keinen Bären beim Universum bestellt haben und ihr Bewusstsein ihn deshalb herausgefiltert hat ... ☺

Oder anders formuliert: Sie waren zu stark aufs Zählen konzentriert und wollten keinen Fehler dabei machen, sodass der Bär aus der Wahrnehmung herausgefallen ist.

Bei den Glückspilzen und Pechvögeln war es ähnlich: Beide wurden gebeten, die Anzahl von Fotos auf einer Zeitungsseite zu zählen. In der Mitte war eine riesige Anzeige mit folgendem Text:

»Gewinnen Sie 100 Pfund, indem Sie dem Versuchsleiter sagen, dass Sie diese Anzeige gesehen haben.«

Die Glückspilze sahen die Anzeige fast alle und gewannen das Geld. Die Pechvögel setzten sich so unter Druck, richtig zu zählen, dass sie die Anzeige immer übersahen.

Das ist ein ganz wunderbares Beispiel dafür, wie unsere inneren Zustände die äußeren Umstände erschaffen: Unter Stress, Druck, im Ärger, mit niedrigem Selbstwertgefühl etc. übersehen wir allzu leicht die Gelegenheiten des Lebens, und unsere Intuition und innere Führung sind ausgeschaltet – übertönt vom Stress. Wir ecken dauernd irgendwo an, anstatt zu erreichen, was wir uns wünschen.

Wer es hingegen entspannt angeht (wie zum Beispiel jemand, der überzeugt ist, ein Glückspilz zu sein), dessen Sinne sind offen für neue Gelegenheiten, und seine Intuition und innere Führung funktionieren wie geschmiert.

Die wichtigste Aufgabe in allen Fällen ist daher, dass wir uns selbst als Empfänger für die universellen Lieferungen, Wunscherfüllungen und intuitiven Eingaben in Ordnung bringen und halten. Wir müssen keine Überredungskünste anwenden, damit das Universum liefert, sondern wir müssen lernen, Herz und Augen zu öffnen, um die Lieferungen zu erkennen.

Der freie Wille ist innen.

Das Beispiel in meinem Forum wurde übrigens im Zusammenhang mit der Frage nach dem freien Willen des Menschen diskutiert. Auch hierzu gefällt mir die Sichtweise indischer Meister. Sie liefert ebenfalls eine Erläuterung für den Ausgang des Glückspilz-Pechvogel-Experiments:

»Der Mensch hat keinen freien Willen in seinen Handlungen, denn diese werden zu den immer gleichen Ergebnissen führen gemäß seiner inneren Glaubenssätze, Überzeugungen und charakterlichen Eigenarten. Der

Mensch hat jedoch jeglichen freien Willen im Verändern dieser inneren Glaubenssätze, Überzeugungen und charakterlichen Eigenarten. Ändert er diese, ändert sich sein äußeres Leben automatisch.«

Anders ausgedrückt: An dem, was das Universum liefert, können wir ablesen, wie es in unserem Inneren aussieht. Und da gibt es auch bei mir noch einige Bereiche mit Verbesserungspotenzial. Es wird nie langweilig, sondern bleibt immer spannend.

Viel Spaß mit den »21 goldenen Regeln« und vor allem viel Erfolg

wünscht dir
Bärbel Mohr

WIE DU MIT DIESEM BUCH ARBEITEN KANNST

Ich habe nur die eine Hälfte dieses Buches geschrieben, die andere Hälfte darfst du selbst schreiben. Deshalb wäre es gut, beim Lesen immer einen Stift griffbereit zu haben. Zu den Regeln habe ich dir Übungen vorgeschlagen. Das sind Listen, Affirmationen oder Gedanken, die du ganz für dich selbst hinter jeder Regel in dieses Buch schreibst.

Etwas auszuschreiben ist bereits eine Manifestation und hat eine ganz andere Wirkung, als wenn du nur darüber nachdenkst, sprichst oder es dir vorstellst. Mit dem Schreiben beginnst du, die Regeln zu einem Teil deines eigenen Lebens zu machen.

Damit dir das Aufschreiben leichter fällt, gebe ich dir die Übungen als Vorschlag. Aber du solltest auf diese Seiten auch alles andere schreiben, was dir dabei einfällt. Die besten Regeln sind die, die man selber für sich schreibt.

Je mehr du selbst in dieses Buch schreibst, desto mehr wird es zu deiner ganz eigenen Bestellung beim Universum.

DIE 21 GOLDENEN REGELN

REGEL

1

DAS AUSSEN IST EIN SPIEGEL DES INNEN

Beim Universum zu bestellen heißt, davon
auszugehen, dass das äußere Leben ein Spiegel des inneren Lebens ist. Wenn sich das
Außen ändern soll, muss ich zunächst mein
Inneres angucken und ändern.

Das Beispiel: Wenn ich mich
selbst nicht liebe, spiegelt die Au-
ßenwelt mir Ablehnung oder allenfalls Anerkennung von Menschen, die nicht zu mir
passen. Liebe ich mich selbst, erfahre ich sofort wesentlich mehr Sympathie und Anerkennung bei genau den Menschen, die zu
mir passen. Mein Inneres erschafft somit das,
was mir im Außen begegnet.

Wenn du wissen willst, wie es zurzeit in deinem Inneren aussieht, brauchst du dir daher nur anzusehen, was in deinem äußeren
Leben gerade passiert. Wie gehen andere mit
dir um? Welche Ereignisse spielen sich gerade ab? Bei fast allem kannst du dich fragen,
inwiefern es dein Inneres widerspiegelt und
wo du etwas innerlich verbessern kannst.

ÜBUNG

Wenn dich gerade alle um dich herum nerven, kannst du ganz bewusst alle Menschen mit dem Gedanken betrachten:

✳ *Was kann ich von diesem Menschen lernen?*

✳ *Worin spiegelt sich die Schönheit dieser Seele?*

✳ *Was ist das höchste Potenzial dieses Menschen?*

✳ *Worin drückt sich die Liebe seines Wesenskerns am deutlichsten aus?*

Garantiert reduziert sich das Genervtsein und eine neue Realität fängt an, sich in deinem Leben zu entfalten.

✳ *Was ändert sich, wenn du diese Übung machst?*

✳ *Wie ändern sich deine Gefühle?*

✳ *Was passiert? Reagieren die anderen anders? Reagierst du anders?*

Führe unten Buch und schau immer wieder mal in deine Aufzeichnungen rein und wiederhole die Übung. Schreibe hier die Namen der Menschen deiner Umgebung auf und dahinter, was du von

*ihnen lernen kannst, worin sich die Schönheit ihrer
Seele spiegelt, ihr höchstes Potenzial und worin
sich die Liebe seines Wesenskerns ausdrückt.*

Beispiele:

▶ Peter ist genervt von seinem Kollegen Kai, dieser ist ihm zu unkooperativ. Aber die Frage »Was kann ich von Kai lernen?« bringt Peter darauf, dass er selbst eher zu oft »ja« sagt und sich nicht traut, auch mal »nein« zu sagen. Er kann von Kai lernen, »nein« zu sagen und zu sich selbst zu stehen. Trotzdem besteht kein Grund, dabei so rigoros vorzugehen wie Kai. Aber als Peter lernt, selbst »nein« zu sagen, kann er auch zu Kai besser Grenzen setzen – und ist nicht mehr genervt von ihm. Denn Kai muss ihm ja nun nicht mehr spiegeln, was er noch zu lernen hat. Die Lernaufgabe ist bewältigt.

▶ Anna hat Vorbehalte Dagmar gegenüber, und das Verhältnis ist auch nicht gerade rosig. Als Anna beginnt, nach der Schönheit in der Seele von Dagmar Ausschau zu halten, verhält sich Dagmar auf einmal offener und freundlicher ihr gegenüber. Wieso? Dagmar spürt, dass von Anna eine neue Offenheit auch ihr gegenüber ausgeht, sie fühlt sich plötzlich wohler mit Anna, ohne es erklären zu können.

Tipp: Diese Übung fällt dir vielleicht auf Anhieb nicht ganz leicht. Versuche es dann erst mal nur für einen einzigen Menschen. Blättere dann zu dieser Übung später immer wieder zurück. Du wirst bei vielen Regeln Anregungen finden, die dir diese Übung immer leichter machen.

REGEL

2

SIEH NUR
LIEBE ODER
DEN RUF
NACH LIEBE

Wenn wir uns nicht genug geliebt fühlen, hilft uns der Gedanke aus vielen spirituellen Lehren, dass es letztlich nur Liebe oder Angst gibt. Allein die Vorstellung, dass jemand, der nicht liebevoll handelt, dies aufgrund einer heimlichen Angst tut oder aufgrund eines verborgenen nicht aufgelösten alten Schmerzes, wirkt ungeheuer befreiend. Denn das bedeutet, dass mich niemals jemand schlecht behandelt, weil etwas mit mir nicht in Ordnung wäre, sondern immer nur, weil der andere irgendeinen Schmerz, irgendeine Angst nicht verdaut hat und gerade nicht liebevoll sein kann.

Die Fortsetzung dieses Gedankens ist noch ein bisschen klarer und bringt uns noch mehr in unsere Kraft zurück. Wir streichen die Angst und formulieren es um:

Es gibt nur Liebe
oder den
»Ruf nach Liebe«.

Ist das nicht klasse?

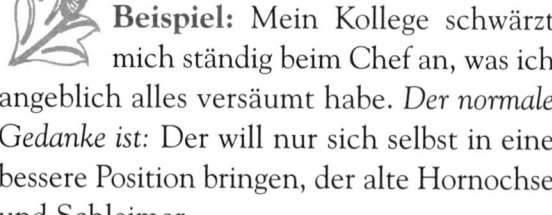 **Beispiel:** Mein Kollege schwärzt mich ständig beim Chef an, was ich angeblich alles versäumt habe. *Der normale Gedanke ist:* Der will nur sich selbst in eine bessere Position bringen, der alte Hornochse und Schleimer.

Fortschrittlichere Betrachtungsweise: Aha, der hat vor irgendetwas Angst? Vielleicht fühlt er sich überfordert in seinem Job und hofft, dass es keiner merkt, wenn er von sich selbst ablenkt? Hm, was sonst könnte es sein? Wo könnte seine geheime Angst liegen?

Eine Frage für echte Meister: Wie lautet der versteckte Ruf nach Liebe in diesem Verhalten? Wünscht er sich vielleicht mehr Anerkennung und Liebe von mir? Drückt sich vielleicht nur ein allgemeiner Schmerz und ein Gefühl von Abgelehntwerden in seinem Verhalten aus? Wie kann ich ihm das Gefühl geben, willkommen zu sein?

Wahrscheinlich stimmt alles ein bisschen. Die Frage ist, mit welcher Betrachtungsweise du dich am besten fühlst. Mit welcher Sichtweise kehrt am meisten von deiner Kraft und inneren Ruhe zu dir zurück?

ÜBUNG

Mach eine Liste: Wer ruft in deinem Leben gerade nach Liebe durch nicht liebevolles Verhalten?

Wer ruft nach meiner Liebe:

_____

_____

_____

_____

_____

_____

_____

_____

Fällt dir eine neue Möglichkeit ein, wie du auf solch ein Verhalten antworten möchtest, wenn du es als einen indirekten und unbewussten Ruf nach Liebe betrachtest?

REGEL

3

ERWARTUNGS-HALTUNGEN ERZEUGEN REALITÄT – BESONDERS WENN SIE UN-BEWUSST SIND

Von Pawlow und seinem Hund wissen wir:
Wenn wir zu jedem Essen, das wir einem
Hund servieren, mit einer Glocke läuten,
»erwartet« der Hund, sobald er die Glocke
hört, eine Mahlzeit. Und der Speichelfluss
tritt selbst dann ein, wenn es gar kein Essen
gibt. Diese Reaktion ist ein unbewusster Au-
tomatismus geworden.

Wo im Leben reagierst du ähnlich reflexar-
tig und ohne den Sinn deiner Reaktionen
noch zu hinterfragen?

Beispiel: In Indien sollen angeb-
lich kleine Elefanten an Baum-
stämme angebunden werden, von denen sie
nicht mehr wegkommen, so oft sie es auch
versuchen. Ein ausgewachsener Elefant, an
demselben Baumstamm angebunden, käme
leicht weg, aber er versucht es gar nicht erst.
So kann der Elefant auch später noch mit
demselben kleinen Baumstamm in Gefan-
genschaft gehalten werden, an den er sich
als Kind gewöhnt hat. Seine Erfahrung und
Erwartung ist, dass er sowieso nicht weg-
kommt. Dabei würde ein kräftiger Ruck
schon reichen, und er wäre frei.

Du kannst dich fragen, wo dein Leben noch von alten und überholten Erwartungshaltungen gesteuert ist. Wo bräuchtest du nur einen kräftigen Ruck, um frei zu sein?

ÜBUNG

Wann immer etwas nicht gut geklappt hat, kannst du dich fragen, ob dich das überrascht oder ob du »sowieso nichts Besseres erwartet hast«.

Überlege dir, was du erreichen möchtest, und formuliere eine Art Mantra oder Affirmation daraus, die so beginnt:

»Ich erlaube mir xyz.«
»Ich habe es verdient, xyz zu erleben.«

Ich erlaube mir _Liebe_

Ich habe es verdient, _die große Liebe_ zu erleben

Ich erlaube mir _Glück_

Ich habe es verdient, _Glück_ zu erleben

Ich erlaube mir   *abzunehmen*

Ich habe es verdient, *abzunehmen* zu erleben

Ich erlaube mir

Ich habe es verdient,   zu erleben

Ich erlaube mir

Ich habe es verdient,   zu erleben

Ich erlaube mir

Ich habe es verdient,   zu erleben

Ich erlaube mir

Ich habe es verdient,   zu erleben

Ich erlaube mir

Ich habe es verdient,   zu erleben

Ich erlaube mir

Ich habe es verdient,   zu erleben

REGEL

4

WAS DU BIST UND WIE ES DIR GEHT, WIRKT AUF ANDERE

Wenn ich an seelischen Schmerzen beispielsweise leide, sind bestimmte Neuronen des
Schmerzzentrums in meinem Gehirn akti-
viert. Sobald mir ein anderer Mensch begegnet, erfährt sein Schmerzzentrum die gleiche
Aktivierung. Seine sogenannten Spiegelneuronen* spiegeln ihm, wie es mir geht.
Das spielt sich meist auf unbewusster Ebene
ab.

Aber es bedeutet, dass der Personalchef, bei
dem du dich gerade bewirbst, fühlt, wie du
dich fühlst. Bist du voller Selbstvertrauen
oder Selbstzweifel? Dein Gefühl wirkt sich
entscheidend auf die Entscheidung des Per-
sonalchefs aus. Dein Inneres erschafft gerade wieder dein äußeres Leben.

Das Gleiche passiert mit potenziellen neuen
Lebensgefährten, die sich angezogen oder
abgestoßen fühlen, je nachdem, was du fühlst
(Selbstliebe oder Selbstzweifel). Der neue
Partner, der neue Boss, selbst der neue Ver-
mieter, sie alle reagieren am positivsten auf

---

* »Warum ich fühle, was du fühlst« lautet der aussa-
gekräftige Buchtitel von Joachim Bauer zu Spiegelneuronen.

Menschen, mit denen sie sich in Resonanz fühlen und von denen sie sich positiv angezogen fühlen.

In all diesen Situationen entscheidet dein Inneres mit seinen Erwartungen, deinem Grundlebensgefühl, deinen Ängsten, deinem Vertrauen, deinen Automatismen darüber, wie die Sache ausgeht. Wir sind alle verbunden miteinander und tauschen ständig auf unbewusster Ebene Informationen aus. Auch wenn der Verstand vom größten Teil dieses Austausches nichts mitbekommt, hat die Information dennoch ihre Wirkung.

Das Wichtigste, was du für deine Wunscherfüllungen tun kannst, ist also, deine Selbstliebe und Selbstwertschätzung zu erhöhen.

Das Außen ist ein Spiegel des Innen, haben wir bereits bei der ersten Regel erfahren. Und das gilt besonders im sozialen Bereich.

Andere Menschen reagieren darauf, wie ich bin und mich fühle. Wer sich selbst nicht liebt, wird auch von anderen wenig geliebt. Das ist nicht ungerecht, sondern das Leben spiegelt uns, wie es innen aussieht.

ÜBUNGEN

Stell dich regelmäßig unbekleidet
vor einen möglichst großen Spiegel
und liebe dich so, wie du bist. Liebe alles, was du
bist, und bedanke dich bei deinem Körper, dass er
dir das Leben auf der Erde ermöglicht. Je liebe-
voller du mit dir selbst und deinem Körper umgehst, desto gesünder wirst du auch.

Führe ein Selbstliebe-Tagebuch.
Beginne damit, alles aufzuschreiben,
was dir in der Kindheit und Jugend, mit twenty-
something, thirty-something usw. gut gelungen ist.
Worauf bist du stolz, was hast du bisher gut
gemacht im Leben? Schreib es auf.

Was hast du dieses Jahr schon gut gemacht?
Gibt es etwas, worauf du stolz sein kannst?
Schreib es auf! Was hat letzten Monat gut
geklappt, letzte Woche, gestern, heute?

Hier kannst du schon mal anfangen mit Stich-
punkten, was du im Leben bereits alles gut gemacht hast:

- Viele Hobbys ausprobiert - für alles offen
- hab mein Leben alleine im Griff
- Erziehung meiner Tochter
- Freunden geholfen
- für andere da sein
- bin für viele ein Lichtblick

_____

_____

_____

_____

_____

_____

_____

Für die täglichen Notizen besorgst du dir am besten ein großes schönes Notizbuch, das dir richtig gut gefällt. Führe es wie ein Tagebuch. Schreibe jeden Tag hinein.

Jeden Morgen, wenn du aufstehst, kannst du kurz in dein Selbstliebe-Tagebuch hineinschauen und ein, zwei, drei Dinge lesen, die du irgendwann im Leben gut gemacht hast. Abends kannst du aufschreiben, was du an diesem Tag gut gemacht hast. Es ist wichtig für dein Selbstwertgefühl, den Tag positiv zu beginnen und positiv zu beenden.

Im Alltag lautet die
Selbstliebe-Übung Nummer 1:

Gehe eine stärkere Verpflichtung dir selbst gegenüber ein! Nimm dir Zeit für dich und deine Bedürfnisse. Spür in dich hinein, was du brauchst,
und sorge dafür, dass Zeit und Raum da sind für
die Bedürfnisse deines eigenen Körpers, deiner
Seele, deines Geistes.

Schreibe 10 Dinge auf, die du für dich selbst tun
wirst:

1.   Abnehmen

2.   glücklich sein

3.

4.

5.

6.

7.

8.

9.

10.

REGEL

5

ERLAUBE DIR NEGATIVE GEDANKEN

Negative Gedanken an sich sind häufig nicht das Problem. Sie sind nur der Ausgangspunkt, aus dem dann das Problem entstehen kann.

Beispiel: Nehmen wir an, ich hätte gerade einen Artikel geschrieben und er gefällt mir nicht so richtig und ich denke: »Dieser Text ist mir ja überhaupt nicht gelungen, er ist wirklich grottenschlecht.« Ist es ein Problem, so etwas zu denken? Nein, noch nicht, denn es kommt auf die Fortsetzung an, die den ersten Gedanken zum Problem werden lässt oder auch nicht.

Wenn ich nur negativ denke, denke ich: »Dieser Text ist mir ja überhaupt nicht gelungen, er ist wirklich grottenschlecht. Ich bin eben einfach zu blöd, wahrscheinlich ist die Schreibinspiration ein für alle Mal weg. Nie wieder werde ich etwas Gelungenes schreiben. Ich bin erledigt, meine Karriere ist am Ende. Oh Gott, was soll ich nur tun? Ich bin so gut wie ruiniert. Alle werden sich von mir abwenden ...«

Ich könnte aber auch denken:

»Dieser Text ist mir ja überhaupt nicht gelungen, er ist wirklich grottenschlecht. Hm, mal hineinfühlen: Langen ein paar Atemübungen, ein bewusstes Zentrieren, um mich wieder mit der Quelle der Inspiration in mir zu verbinden, oder sollte ich eine Pause machen oder überhaupt morgen erst weiterschreiben? Ist ja schließlich nicht so schlimm, denn meistens lese ich meine eigenen Texte gerne und sie gefallen mir. Ich bin sicher, der nächste wird wieder gut.«

Noch eine Möglichkeit:

»Dieser Text ist mir ja überhaupt nicht gelungen, er ist wirklich grottenschlecht. Ich muss es von vorne probieren. Aber ich habe Angst, dass es wieder nichts wird. Ich weiß ja, dass es nichts wird, wenn ich mich selbst mit negativen Gedanken runterziehe. Ich muss positiv denken, das ist ganz wichtig jetzt. Um Himmels willen, ich glaube, ich schaffe es nicht. Eigentlich bin ich der größte Idiot auf Erden, es weiß nur keiner. Ich sollte in der Lage sein, alles positiv zu sehen, aber wie konnte es bloß passieren, dass ich so einen schlechten

Text geschrieben habe, was werden die anderen denken? ...«

Und eine letzte Variante:

»Dieser Text ist mir ja überhaupt nicht gelungen, er ist wirklich grottenschlecht. Köstlich, das ist ja wirklich ein superlangweiliger Unfug. Wenn ich ehrlich bin, war ich in Gedanken schon beim Ausflug morgen früh, das kann ja nichts werden. Aber ich weiß, dass es mir mit Leichtigkeit gelingen wird, wieder einen Text zu schreiben, der mir gefällt und mit dem es mir gut geht. Und sonst muss es ja keinem gefallen. Leute dürfen meine Texte lesen, wenn es ihnen auch gefällt, aber sie müssen nicht. Schlimm wäre, wenn ich Sachen herausgeben müsste, die mir selbst nicht gefallen oder bei denen ich raten müsste, ob es wohl den anderen gefallen wird. Aber den Fall haben wir ja nicht. Also ist alles gut. Ich werde immer in der Lage sein, Dinge so zu schreiben, dass sie mir gefallen.«

Erkennst du das Problem? Das Problem ist nicht der erste negative Gedanke, sondern das, was wir über den negativen Gedanken denken.

* *Hast du Angst vor negativen Gedanken?*
  Dann erzeugst du Stress.

* *Machst du dir selbst Schuldgefühle, weil du negative Gedanken hast?*
  Sofort erzeugst du mehr Stress.

* *Verurteilst du den Gedanken und dich selbst gleich mit dazu?*
  Juchhu, noch viel mehr Stress!

Die Lösung besteht darin, einfach mit dem negativen Gedanken und dem schlechten Gefühl zu sein und dir den Gedanken zu erlauben, ohne dich selbst dafür zu beurteilen. Wie wäre es, wenn du denkst: »Ach, bin ich da womöglich wieder in einer negativen Gedankenschleife gelandet? Na, macht nichts, ich liebe mich trotzdem. Dasselbe wünsche ich auch allen anderen: Mögen alle Menschen lernen, sich selbst in ihren Fehlern und Mängeln anzunehmen und zu lieben. Ich liebe auch meine negativen Gedanken. Sie dürfen sein.«

Jedes negative Gefühl, das wir verdrängen, wächst und gedeiht noch immer mehr, bis es übermächtig wird. Warum? Weil es auf sich aufmerksam machen möchte. Es möchte einmal ganz gefühlt werden, dann zieht es von alleine vorüber. Wieso? Das verrät dir die übernächste Regel – Regel 7.

ÜBUNG

Wenn negative Gedanken aufkommen, erlaube sie dir und versichere dir selbst, dass du dich trotzdem liebst und dass es ganz normal für jeden Menschen ist, auch negative Gedanken zu haben.

Denke außerdem: »Gott segne diesen dämlichen Gedanken« (oder wer auch immer, die Engel, das Universum, die Urschöpfung). Wenn jeder negative Gedanke gesegnet wird, hast du automatisch kein schlechtes Gewissen mehr, denn es wird ja etwas Positives daraus. Die Selbstzermarterung hört damit ganz schnell auf.

Schreibe den letzten negativen Gedanken auf, an den du dich erinnern kannst. Schreibe darunter: Gott (das Universum, mein Schutzengel ...) segne diesen Gedanken!

Mich liebt eh kein Mann. Gott (Universum) segne diesen Gedanken.

REGEL

6

ERLAUBE DIR, GLÜCKLICH ZU SEIN

»Natürlich erlaube ich mir, glücklich zu sein. Das ist doch das Normalste der Welt.« Wenn du es so siehst, dann freue ich mich, denn du hast recht. Glück ist dein angeborenes Geburtsrecht.

Jedoch tragen viele Menschen immer noch das unbewusste Glaubensmuster in sich, dass das Leben dazu da ist, Sünden abzubüßen, und dass sie in der Hölle landen, wenn sie je auf Erden glücklich würden. Sie haben daher – unbewusst – eine Todesangst vor Glück. Kein Wunder, wenn sie sich stets unbewusst dagegenstemmen.

Glück ist nicht nur o. k., es ist sogar unser natürlicher Zustand …

Wenn du das Gefühl hast, Reste von solchen Glaubenssätzen deiner Ahnen könnten auch noch in dir schlummern, begegne ihnen mit folgenden Übungen:

ÜBUNG

Stell dir im Geiste die Angst vor dem Glück vor,
hülle sie mit Liebe ein und nimm sie ganz in dein
Herz. Sage zu dir selbst:

»Es ist o. k., dass ich den Glaubens-
satz ›Ich darf nicht glücklich sein‹ mal
hatte, ich verzeihe mir alles, womit ich
mein eigenes Glück blockiert habe, und
ich liebe mich trotzdem.«

ÜBUNG

Sage zu dir selbst und fühle die Worte dabei in
deinem Herzen:

»Ab jetzt ist o. k., glücklich zu sein.
Nur wenn ich genügend Glück in
meinem Leben verspüre, kann ich auch
anderen davon abgeben. Allein deshalb
ist es o. k., so glücklich wie möglich
zu sein.«

7

GLÜCK IST DEIN NATÜRLICHER ZUSTAND

Negative Gefühle, die einmal ganz gefühlt
werden (einen einigermaßen psychisch ge-
sunden Menschen vorausgesetzt, Kranke
brauchen da sicherlich Begleitung), drehen
sich in ihr Gegenteil oder lösen sich einfach auf. Wieso? Weil Glücklichsein, unser
natürlicher Zustand ist. Kein Baby kommt
mit Depressionen und Selbstzweifeln auf die
Welt.

Die größte Glücksbremse für uns alle ist,
dass wir denken, wir müssten viel tun, ganz
viel haben und schwer arbeiten, um am Ende
einer langen Reise glücklich zu werden. Die
Vorstellung, dass es unser natürlicher Zustand sein könnte, liegt für viele von uns
meilenweit entfernt.

Es ergeben sich aber ganz andere Dinge, die
zu tun sind, je nachdem, ob man denkt:
»Glück muss hart erarbeitet werden.« Oder
ob man denkt: »Glück ist mein natürlicher
Zustand.«

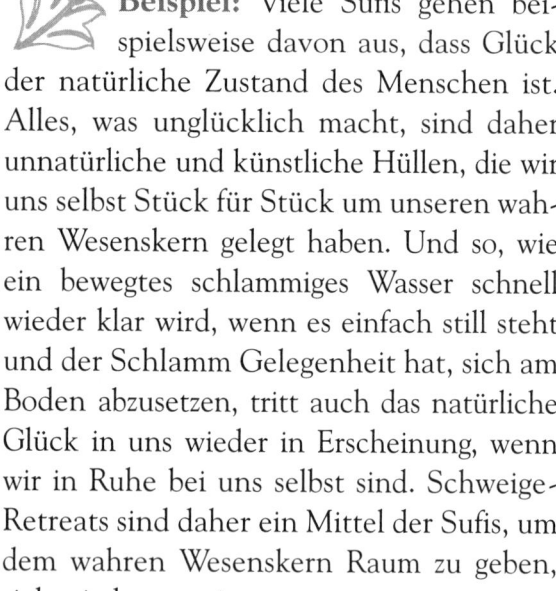**Beispiel:** Viele Sufis gehen beispielsweise davon aus, dass Glück der natürliche Zustand des Menschen ist. Alles, was unglücklich macht, sind daher unnatürliche und künstliche Hüllen, die wir uns selbst Stück für Stück um unseren wahren Wesenskern gelegt haben. Und so, wie ein bewegtes schlammiges Wasser schnell wieder klar wird, wenn es einfach still steht und der Schlamm Gelegenheit hat, sich am Boden abzusetzen, tritt auch das natürliche Glück in uns wieder in Erscheinung, wenn wir in Ruhe bei uns selbst sind. Schweige-Retreats sind daher ein Mittel der Sufis, um dem wahren Wesenskern Raum zu geben, sich wieder zu zeigen.

Indische Meister bevorzugen meist aktivere Methoden. Auch sie gehen davon aus, dass Glück unser natürlicher Zustand ist. Gott ist reine Glückseligkeit aus ihrer Sicht. Je glücklicher wir sind, desto näher sind wir daher der göttlichen Quelle in uns.

Wer glücklich ist, ist demnach auch seiner eigenen Schöpferkraft am nächsten. Der glückliche Mensch bestellt beim Universum – und schwup –, schon ist die Antwort da.

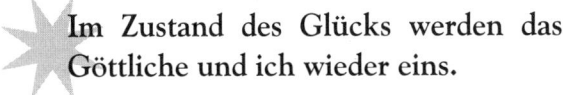 **Im Zustand des Glücks werden das Göttliche und ich wieder eins.**

Je unglücklicher wir sind, desto mehr entfernen wir uns von Gott. Denn unglücklich zu sein bedeutet auch, Gott vorzuwerfen, dass seine/ihre Schöpfung nicht gut genug ist. Der göttliche Kern in uns will uns zeigen, dass wir uns auf dem Irrweg befinden und uns von uns selbst entfernen. Er produziert Krankheit, Hindernisse, Ärgernisse, alles Mögliche. Das ist die Art des göttlichen Kerns, uns zu erinnern, dass wir uns von ihm entfernen.

Stell dir vor, die Quelle der Urschöpfung in dir ist angenehm warm. Und je weiter du dich von ihr entfernst, desto kühler wird es. Ab und zu ein kühler Wind ist ein nettes Abenteuer, aber wenn dir langsam die Zehen abfrieren vor Kälte, wird es Zeit zurückzukehren.

Aus Sicht dieser indischen Meister haben wir uns in uns selbst verirrt und finden den Weg zurück zur wärmenden Quelle in uns nicht mehr. Dabei wäre der Weg nicht weit. In dem Moment, in dem ich auf meine abfrierenden Zehen gucke, sie zur Kenntnis nehme, ohne mir selbst Vorwürfe zu machen, und zu mir selbst sagen kann: »Was immer ich mir erschaffe in meinem Leben, ich bleibe doch ein wundervolles, liebenswertes Wesen. Ich liebe mich selbst auch noch im tiefsten Winter« – schwup! –, schon wird es wieder warm. Sobald du einen Satz wie diesen aus tiefstem Herzen fühlen und ehrlich zu dir selbst sagen kannst, wirst du das Wort »Winter« schon kaum mehr zu Ende sprechen können, denn der Frühling ist bereits da.

ÜBUNG

Setz dich täglich zehn Minuten mindestens hin, betrachte ehrlich und offen deinen Ist-Zustand, verdränge nichts, lass alles sein und sei mit dir selbst in Liebe:

> »Auch wenn ich so bin, wie ich bin, liebe und achte ich mich selbst von ganzem Herzen.«

Egal wie weit unten im Leben du dich fühlst, wenn du diese Übung beginnst, das Licht beginnt sich von Neuem in dir zu fangen, wenn du dies tust.

REGEL

8

DAS LICHT FÄNGT SICH IN DIR

Kennst du die Wasserkristallfotos von Masaro Emoto? Emoto gefriert Wassertropfen und sieht sich ihre Struktur unter dem Mikroskop an. Er hat dabei herausgefunden, dass Wasser auf jede Botschaft und jeden Einfluss von außen reagiert: Wenn zu zwei Gläser Leitungswasser nimmst und auf das eine einen Zettel klebst mit den Worten: »Hass, Angst und Zerstörung«, dann bildet dieses Wasser keine Kristallstrukturen, sondern hässliche formlose Schlieren.

Klebst du hingegen einen Zettel auf mit den Worten: »Liebe und Dankbarkeit«, dann bildet das Wasser wunderschöne Kristalle.

Das Interessante an Kristallen ist, dass sie Lichtfänger sind. Jedes Lichtpartikelchen, das in einen Kristall einfällt, wird darin gefangen, denn der Kristall reflektiert das Licht wieder und wieder in seinem Inneren und fängt schon bald an, wunderschön zu leuchten. Wenn Licht hingegen auf formlose Schlieren trifft, dann zieht es einfach nur vorbei an ihnen, und es herrscht triste Dunkelheit in der Formlosigkeit.

Diese Art von Wasserkristallen sind feinstofflich und werden nur durch das Gefrieren
der Tropfen unter dem Mikroskop sichtbar.

Jeglicher Klang bildet ebenfalls Muster im
Feinstofflichen, die wir wieder nur mit kleinen Tricks sichtbar machen können.

Ernst F. F. Chladni (1756 – 1827)
war der Erste, der Glasplatten mit
feinem Sand bestreute und sie mit einem
Geigenbogen zum Schwingen brachte. Dadurch erzeugte er die »chladnischen Klang-
figuren« als Muster im Sand.

1960 begann der Schweizer Arzt Hans Jenny
ähnliche Experimente mit unterschiedlichs-
ten Materialien und sogar flüssigen Medien
(»Cymatics« heißt ein Buch von ihm dazu).
Inzwischen gibt es noch Alexander Lauterwasser (Buch: »Wasser, Klang, Bilder«), der
unter anderem Wassertropfen auf Stahlplat-
ten mit Lautsprechern beschallt und die ent-
stehenden Bilder fotografiert.

All diese Experimente zeigen, dass harmonische Klänge, Worte und letztlich auch Gedanken harmonische Formen im Feinstofflichen hervorbringen, die wir mit kleinen Tricks sichtbar machen können. Denn auch ein schön gesungenes »A« hat keine sichtbare Form. Erst als Muster im Sand können wir sehen, dass ein klarer Ton klare Formen hervorbringt und ein verzerrter schiefer Ton nur formlose Unordnung.

Übertragen wir einmal diese Erkenntnisse auf den Geist und die Kraft unseres Geistes. Dann wird klar, dass beispielsweise jeder Gedanke von uns eine Auswirkung auf die Qualität unseres Zellwassers hat und darauf, wie viel Licht in unseren Zellen ist oder nicht ist.

Es wird auch klar, dass du so tief am Boden sein kannst, wie es nur geht; sobald du einen einzigen klaren Ton singst oder einen einzigen liebevollen Gedanken denkst, bilden sich wieder feinstofflich die schönsten Muster und Kristalle in deinem Zellwasser und deinen energetischen Feldern. Sofort wirst du damit wieder zum Fänger des Lichtes und fängst an, feinstofflich hell zu leuchten.

Du entscheidest in jeder Sekunde,
ob du das Licht in dir zum Leuchten
bringst oder ob du es vorbeiziehen lässt
und verscheuchst.

Jeder liebevolle Gedanke zieht Licht an und
verstärkt es in dir.

Jeder unversöhnliche Gedanke löst die
Struktur in dir auf, und das Licht entflieht.

1. ÜBUNG

Jeder versöhnliche Gedanke tut dir gut, denn er
bringt Licht in dein Sein.

✳ In welche Bereiche deines Lebens kannst du
   durch veränderte Betrachtungsweisen mehr
   Licht hineinbringen?

   Fühle in dich hinein, wie es dir geht dabei und ob
   du das zunehmende Licht in dir fühlen kannst.

Tipp: Zwanghaftes positives Denken (»Ich muss
positiv denken, und zwar sofort, meine Güte,
was bin ich für ein Versager, dass ich nicht immer
positiv denken kann.«) führt zum Gegenteil und
erzeugt mehr Selbstvorwürfe.

Sobald du fühlen kannst, dass ein bestimmter Gedanke dir guttut, dass eine sofortige erleichternde befreiende Wirkung in deinem Inneren auftritt, wird sich immer öfter ein natürliches Bedürfnis einstellen, mehr von diesen positiven Gedanken zu denken. Zwing dir nichts auf, sondern liebe dich auch, wenn es nicht klappt. Umarme dein Sein, sei mit dir selbst, auch wenn es gerade schwerfällt. Genau damit erzeugst du das Licht: Indem du dich selbst bedingungslos annimmst und dir zu keiner Zeit Vorwürfe machst.

Mantra:

»Auch wenn ich der größte Depp auf Erden sein sollte, nehme ich mich selbst in Liebe an, ganz so, wie ich bin. Ich liebe mich, egal was ist.«

Wie fühlst du dich mit diesem Mantra? Mach dir Notizen, wie dein ganz persönliches kraftvollstes Mantra aussehen könnte. In welche Lebensbereiche kannst du außerdem mehr Licht bringen durch versöhnlichere Betrachtungsweisen dir selbst und anderen gegenüber?

_____

_____

_____

_____

_____

_____

_____

_____

_____

_____

2. ÜBUNG

Die zuvor erwähnten indischen Meister mit ihrer Betrachtung vom Glück (Glück ist dein natürlicher Zustand) lassen ihre Anhänger stundenlang singen und tanzen. Sie wissen, dass dies auf feinstofflicher Ebene Licht bindende Kristalle erzeugt und damit »das Göttliche« im Menschen wiedererweckt. Natürliche Glücksgefühle steigen dabei ganz von selbst wieder auf, sobald sich genügend Licht im Körper gesammelt hat.

Dieser Vorgang ist völlig unabhängig von sämtlichen äußeren Umständen. Aber er wirkt harmonisierend auf die äußeren Umstände.

Deine Realität entfaltet sich neu vor dir, wenn du Glück und Licht ausstrahlst.

Singe dein Lieblingslied laut und hör dir selbst dabei zu. Versuche, so zu singen, dass es möglichst glücklich und harmonisch klingt. Versuche, Dankbarkeit in deiner Stimme mitschwingen zu lassen. Du wirst heiler und gesünder auf allen Ebenen und deine Intuition und Verbindung zum inneren Licht werden sich stabilisieren.

Tipp: Singen und Tanzen zusammen wirken noch kraftvoller. Da bietet sich im Moment besonders der »Körperzellen Rock« von Astrid Kuby und Mosaro an. Einfach »Körperzellen Rock« oder »Astrid Kuby« googlen, dann findest du die CD oder den Song bei YouTube.

REGEL

9

UNSER
UNTER-
BEWUSSTSEIN
FILTERT

Kaum ist man schwanger oder die eigene Partnerin ist es, scheinen alle schwanger zu sein.

Oder du fährst eine lange Einkaufsstraße in einer fremden Stadt entlang und suchst einen Blumenladen. Am Ende der Straße fragt dich einer, ob es in dieser Straße eine Apotheke gibt. Vermutlich hast du keine Ahnung, denn du hast nur nach Blumenläden Ausschau gehalten. Unser Bewusstsein filtert alles heraus, was es im Moment für unwichtig erachtet.

Indem du dich entscheidest, was du im Leben oder als nächsten Schritt erreichen möchtest, justierst du deinen inneren Filter neu und er kann neue Gelegenheiten sehen und erkennen.

Wenn du nur weißt, was du NICHT willst, bleibt der Filter auf dem, was du nicht willst, und nach wie vor siehst du nur das, was du eigentlich vermeiden willst.

»Ich will keinen Blumenladen sehen« ist keine Botschaft an dein Unterbewusstsein, die es versteht. Es sieht nur Blumenläden.

Spielzeugläden kannst du erst bewusst wahrnehmen, wenn du beginnst, dich für Spielzeugläden zu interessieren, und den Filter drauf ausrichtest.

ÜBUNG

Für viele Menschen ist es schwierig, sich zu entscheiden, was sie möchten. Sie wissen nur, was sie nicht möchten (aber auch denen kann geholfen werden, siehe Regel 17).

Schreibe unten auf, was du im Leben noch erreichen möchtest (am besten mit einem weichen Bleistift). Und schau dir die Notizen regelmäßig an. Korrigiere und radiere alles, was du ändern möchtest, und bastele so lange, bis du etwas hast, das sich nicht mehr oder kaum mehr ändert. Wenn du klar hast, was du möchtest, dann kann auch das Universum klare Gelegenheiten für dich erschaffen.

REGEL

10

NICHT NUR DER KÜRZESTE WEG FÜHRT ZUM ZIEL

Unter linearer Zielerreichung verstehen wir,
dass wir mit Verstandeslogik feststellen, wo
wir uns gegenwärtig befinden, wo wir hin-
wollen, und dann entscheiden, was der bestmögliche und logische Weg ans Ziel ist. Beispiel: Ich befinde mich an Punkt A, will nach
B, also marschiere ich schnurstracks darauf
zu. Im täglichen Leben ist es nur oft nicht
ganz so einfach.

Aber zum Glück gibt es auch die nicht line-
are Zielerreichung. Egal wo du bist, du entscheidest dich, wo du hinwillst, du teilst es
dem Universum mit und öffnest dich für die
universelle Führung an diesen Ort.

Wie kann das funktionieren?

Beispiel: Die russische Akademie
der Wissenschaften betreibt seit 40
Jahren Forschungen, die belegen, dass jedes
Proton und jedes Elektron im Universum
(also die subatomaren Teilchen) zu jeder Zeit
auf einen Meter genau weiß, wo im Universum es sich gerade aufhält. Und jedes dieser
Teilchen ist außerdem zu jeder Zeit in der
Lage, Informationen mit allen anderen Teil-

chen im Universum auszutauschen. Wann immer so ein Proton wohin will, kann es die passende Information im ganzen Universum orten. Es weiß, wo es ist, und es weiß, wie man an den gewünschten neuen Ort kommt.

Was bringt uns dieses Wissen? Dein ganzer Körper besteht, wie alles andere auch im Universum, aus Atomen. Und diese bestehen aus Protonen und Elektronen. Das bedeutet, dein ganzer Körper ist ein natürliches Navigationsgerät und jedes kleinste Partikelchen in dir weiß zu jeder Zeit, wo auf der Welt du dich aufhältst, und auch, wo du hinmüsstest, um das zu erreichen, was du erreichen möchtest.

Du brauchst also nichts, außer dir selbst.

Und doch hängen wir noch fast alle den größten Teil des Tages irgendwo fest, wo wir gar nicht sein wollen. Wir sind zu wenig in Kontakt mit uns selbst, mit dem in uns verborgenen Wissen und mit unserer inneren Stimme.

Vielleicht kannst du deinem Verstand einfach öfter mal davon erzählen, dass alles im

Universum mit allem anderen verbunden ist und ständig Informationen austauscht.

Wir alle können uns von der inneren Stimme navigieren lassen zu Plätzen, die wir mit der Logik nicht finden können.

Üben müssen wir dazu die Kommunikation mit unserer inneren Stimme und die Feinwahrnehmung unserer eigenen Gefühle und Eingebungen. Nur mit viel Übung kannst du mehr und mehr Eingebung von Einbildung unterscheiden und Schritt für Schritt die Hinweise deiner subatomaren Navigation wahrnehmen.

Das ist real. Es gibt bereits Angebote an die Industrie, die alten satellitengesteuerten Navigationsgeräte wegzuwerfen und stattdessen viel günstigere, einfachere subatomare Navigationssysteme zu nutzen. Technisch ist es möglich. Aber das feinste Navigationsgerät bist du selbst, wenn du wieder ganz in Kontakt zu dir selbst kommst.

ÜBUNG

Setz dich in die Natur und höre einfach nur der Natur zu, wie sie rauscht, brodelt, murmelt, summt, trillert und zirpt. Stell dir vor, die Natur könnte mir dir reden. Stell dir vor, nichts wäre zufällig. Stell dir vor, in dem Zirpen und Trillern läge ein Stück Weisheit und Wahrheit verborgen. Was würde es dir sagen wollen?

Dann schließe die Augen und lausche in dich hinein (das kannst du auch zu Hause machen). Lausche deinem Atem. Was will er dir über dich sagen?

Lege die Hand auf dein Herz und lausche dem Schlagen deines Herzens. Was will es dir sagen?

Streichle deinen Körper in Gedanken von innen mit einer Art geistigen Händen. Sende überall Liebe und Dankbarkeit hin, in alle Teile deines Körpers.

Je mehr du verbunden bist mit dir selbst und deiner innersten Natur, desto deutlicher hörst

du, spürst du und reagierst du ganz unbewusst
auf deine innere Führung. Es ist alles schon
da. Du brauchst null Komma null gar nichts.
Du brauchst nur einen engeren Kontakt mit dir
selbst, um alles, was schon da ist, abzurufen und
zu nutzen. Alles Wissen der Welt ist genauso
in dir, wie es um dich herum ist. Es ist näher,
wenn du in dir suchst, als wenn du draußen
suchst.

Trotzdem darfst du auch deinen Verstand mit
einbeziehen, er ist genauso wertvoll, sonst hätten
wir keinen. Ganzheitlich zu leben bedeutet, Herz
und Verstand zu vereinen und nicht eins von beiden auszuschalten.

ÜBUNG

Was hörst du, welche Botschaften und Ideen steigen in dir auf, wenn du dir selbst und der Natur intensiv zuhörst?

Schreibe sie auf:

_____

_____

_____

_____

_____

_____

_____

_____

_____

_____

11

DAS MEISTE, WAS DU DIR ERSCHAFFST, DIENT AUF SEELISCHER EBENE DEINEM BESTEN – VERTRAUE DIR SELBST

»Was? Mir soll ich vertrauen? Wo das blöde Universum mir noch immer keine Millionen geliefert hat. Wenn ich die erst hätte, wäre alles gut …«

So denken viele, und trotzdem gibt es kaum eine frustriertere Bevölkerungsschicht als genau die Millionäre, bei denen die Million schon angekommen ist. Oft wünschen wir uns Dinge, nach deren Erfüllung es uns schlechter anstatt besser ginge.

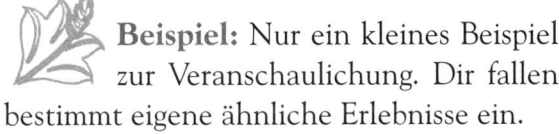 **Beispiel:** Nur ein kleines Beispiel zur Veranschaulichung. Dir fallen bestimmt eigene ähnliche Erlebnisse ein.

Die neun Jahre alte Johanna berichtete ihrer Mama, dass sie gerne Kinder-Fotomodell werden wolle. Ob die Mama sich nicht mal umhören könne.

»Nein, Schätzchen, du weißt, ich bin zurzeit sehr unter Zeitdruck. Das wirst du dir vom Universum wünschen müssen. Ich kann dich da im Moment nicht unterstützen, tut mir leid«, war die Antwort.

»Na gut, dann eben beim Universum bestellen«, dachte sich das Kind und tat dies auch sofort. Kurz darauf war sie bei einer

Freundin zum Spielen. Deren Eltern hatten Besuch von einer Fotografin, die unter anderem auch Kinderfotos macht. Sie sah Johanna und sagte zu ihr: »Du sieht auch sehr nett aus. Möchtest du nicht mal zu einem Casting (Probefotoshooting) kommen?«

Und wie Johanna wollte. Beim nächstmöglichen Termin erschien sie. Und machte ihre Sache so gut, dass sie sofort gebucht wurde für den nächsten Auftrag. Es geht nämlich beim Fotoshooting auch darum, ob man in der Lage ist, sich natürlich, ein bisschen pfiffig und selbstbewusst vor der Kamera zu bewegen. Das konnte Johanna und wurde prompt gebucht für einen Auftrag für die Zeitschrift »Eltern« und »family«.

Die Mutter konnte nur staunen, mit welcher Dynamik ihre kleine Tochter ihre Wünsche in die Tat umsetzte ☺.

Allerdings traf ich Tochter und Mutter kurz darauf wieder, und ich fragte Johanna, wie das Fotoshooting gewesen war: »Langweilig«, war die Antwort. »Man kann da gar nichts selber machen, man muss immer nur genau das machen, was die sagen. Und zwischendrin sitzt man nur rum und wartet.« Kindermodell sein zu wollen hat sie von ihrer

Wunschliste gestrichen. Es war ihr großer Traum gewesen, aber kaum hatte er sich erfüllt, stellte sie fest, dass dieser Traum in der Realität gar keinen Spaß machte.

So ist es häufig: Wir träumen voller Inbrunst, wie schön es doch wäre, wenn … Nicht ahnend, wie wenig Spaß es machen würde, wenn es tatsächlich so wäre.

Beginne damit, deiner inneren Weisheit mehr zu vertrauen, dass sie immer das Bestmögliche für dich will. Das kannst du tun, indem du dankbar bist für die kleinen schönen Momente jeden Tag. Damit unterstützt du deine Seele, den Weg zu ihrem höchsten Potenzial von ganz alleine zu finden.

Dankbar zu sein und das Beste aus jedem Moment zu machen ist so, als würdest du die innere Navigation auf »Autopilot ins Glück« stellen. Denn wenn du nur herummäkelst an deinem Leben, wie es ist, kritisierst du das Göttliche in dir. Das ist wie ein Misstrauensantrag an dich selbst. Danke dir selbst für dein Leben und vertraue dir. Deine innere Weisheit wird dich reich belohnen.

ÜBUNG

Schreibe täglich etwas auf, wofür du dankbar bist:

* *Ich bin dankbar für mein Bett.*

* *Ich bin dankbar für meine Kleidung.*

* *Ich bin dankbar für meine Nahrung,*
  für mein Leben,
  meine Freunde,
  meine Familie,
  das Buch in meinen Händen,
  den Teppich,
  die Glühbirne,
  die Steckdose ...

Jaja, auch für die Steckdose kann man dankbar sein. Das habe ich von meinen Kindern gelernt. Die haben nämlich vor einem Jahr etwa spontan ein Dankbarkeitslied gesungen. Darin gab es erst ungefähr 200 Aufzählungen, wofür sie alles dankbar sind (inklusive Steckdose, Luft, Socken, Fliegen an der Wand etc.), und der Refrain lautete dann: »Uuuund – ich liebe alles! Aaaalles, alles!«

Ich bin dankbar für meine Kinder. Das meiste lerne ich von ihnen oder durch sie.

Wofür bist du dankbar:

REGEL

12

PROBLEME WOLLEN UNS HELFEN

Was ist es, dass so viele Millionäre unglücklich sein lässt, obwohl sie doch scheinbar alles haben? DAS genau ist das Problem: Alles zu haben!

Die Chinesen kennen einen Fluch, der heißt: »Mögen alle deine Wünsche sich erfüllen!« Dahinter steckt eine tiefe Kenntnis der menschlichen Psyche. Wenn wir keine Träume mehr haben, nichts, wohin wir streben können, dann setzen Ratlosigkeit und Frustration ein. Ein Hindernis zu überwinden dagegen, etwas geschafft zu haben, sich selbst als jemand zu erleben, der etwas bewegen kann, das sind Dinge, die so richtig befriedigend wirken.

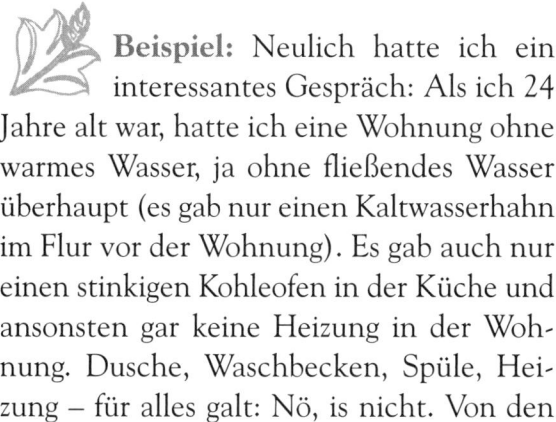 **Beispiel:** Neulich hatte ich ein interessantes Gespräch: Als ich 24 Jahre alt war, hatte ich eine Wohnung ohne warmes Wasser, ja ohne fließendes Wasser überhaupt (es gab nur einen Kaltwasserhahn im Flur vor der Wohnung). Es gab auch nur einen stinkigen Kohleofen in der Küche und ansonsten gar keine Heizung in der Wohnung. Dusche, Waschbecken, Spüle, Heizung – für alles galt: Nö, is nicht. Von den

werten Nachbarn wollen wir mal lieber gar nicht erst reden. Der eine oder andere erinnert sich vielleicht an das Beispiel aus meinem allerersten Buch mit der nachts über den Hof schreienden Nachbarin, die ich mit drei Hallelujas ruhigstellen konnte.

Aber ich glaube, die aus der Wohnung unter mir mit den 20 Katzen ohne Katzenklo, bei der der Kot am Boden verfaulte, hatte ich nicht erwähnt. Und auch nicht, dass irgendwann die Flöhe von der anfingen hochzuwandern in unsere Wohnung.

Auch dass ein Teil meiner Post regelmäßig geklaut wurde, hatte ich beiseitegelassen.

Jetzt habe ich mich neulich mit einer jungen Frau, 22 Jahre alt, unterhalten. Sie ist allen Ernstes unzufrieden in einer Dreizimmer-Neubauwohnung. Dies ist nicht gut und jenes, außerdem ist die Wohnung so teuer, ihr bleibt immer kein Geld über und blablabli und blablablo. Ich habe ihr Fotos von meiner oben beschriebenen Wohnung gezeigt. Erst war sie entsetzt. Nachdem wir uns eine Weile unterhalten hatten, kam uns die Idee, uns in die verschiedenen Situationen reinzufühlen. Ich stellte mir vor, ich hätte mit 24 Jahren in ihrer Wohnung gewohnt,

und sie stellte sich vor, sie würde heute in
meiner Wohnung von damals wohnen.

Das Schräge war: Ich war in meiner Vorstellung in ihrer Wohnung viel unzufriedener,
als ich es in meiner je gewesen war. Und sie
wurde fröhlich bei der Vorstellung, in meiner Wohnung zu wohnen.

»In so einer völlig abgewrackten Bude gäbe
es ganz viel, was ich verbessern könnte und
was ich mir auch zutrauen würde. Ich bin
sicher, ich würde wen finden, der mir ein
Bad und eine Küche einbaut. Das wäre alles
total abenteuerlich …«, überlegte sie.

Und genau das ist es damals auch gewesen:
Ein Freund hat ein halbes Jahr bei mir gewohnt und warmes Wasser, Küche, Bad,
Heizung und alles eingebaut. Es sah immer
noch sehr urig aus, mehr nach Baumhaus
als nach normaler Wohnung, aber das war
grad das Gute. Im Winter saßen wir im Flur
auf Kissen vor der Gasheizung, die die ganze
Wohnung heizte, und hatten es urgemütlich.
   Es gab auch nette Nachbarn. Einer verlor
häufig seinen Schlüssel und stieg dann immer aus meinem Fenster nach drüben in

seine Wohnung. Und außerdem zahlte ich
ganze 149,– Euro (damals noch 296,– DM
natürlich) Miete warm. Als Freiberuflerin
musste ich kaum arbeiten. Als ich anfing,
besser zu verdienen (als Grafikerin damals),
befand ich mich ständig auf Weltreise. Ich
war eh kaum zu Hause.

Als ich das der jungen Dame aus der Neubauwohnung erzählte, wurde sie sehr nach-
denklich: »Ich glaube, das ist das Problem:
Ich habe mir eine Situation geschaffen, in
der ich das Gefühl habe, weder vor noch zurück zu können. Ich bin festgefahren. In so
einer Wohnung, wie du sie hattest, könnte
ich auch sofort ganz viel tun. Es gibt zwar
viel mehr Probleme als in meiner Wohnung,
aber das wären Probleme, bei denen ich was
tun könnte. Ich glaube fast, es geht mir nicht
gut, weil ich mir zu große Hindernisse ge-
baut habe … Aha!«

Das Nächste, was passierte, war, dass sie aus
der Neubauwohnung aus und in eine abge-
wrackte WG einzog. Dort fing sie dann un-
heimlich das Werkeln und Tun an und fühlte
sich bedeutend besser. Innerhalb kürzester
Zeit fand sie auch beruflich ein neues Tätig-

keitsfeld. Das Gefühl, etwas tun zu können und in der Lage zu sein, Hindernisse zu bewältigen, hatte ihr mehr innere Freiheit und mehr Selbstbewusstsein gegeben, und auf einmal klappten die Bewerbungen, die vorher zu keinem Ergebnis geführt hatten.

Natürlich ist damit nicht gesagt, dass jeder in einer abgewrackten Wohnung glücklich wäre. Das Beispiel soll zeigen, dass du ganz individuell den Ort finden musst, an dem noch Bewegungsspielraum und Entwicklungsspielraum für dich möglich ist. Das kann für jeden etwas vollkommen anderes sein. Man findet es nur nicht heraus, wenn man sich nur an dem orientiert, was andere tun oder von einem erwarten.

Probleme sind eine Chance. Sie sind da, um uns zu helfen. Die nächsten Regeln vermitteln dir weitere Anregungen, wie du mit Problemen dich selbst stärken kannst.

ÜBUNG

Schreibe dir auf, was du im Augenblick für dein größtes Problem hältst.

Schau in einer Woche, in einem Monat, in einem Jahr wieder auf diese Seite.

Was ist aus deinem Problem geworden? Ist es immer noch so wichtig? Hat es eine Lösung gefunden?

Schreibe unter das Problem, was du dir im Augenblick am meisten wünschst.

13

AUCH INTUITIVE FÄHIGKEITEN WOLLEN GEPFLEGT WERDEN

Was passiert mit einem Menschen, der sich
für einen Job bewirbt, für den er nicht aus-
reichend qualifiziert ist? Entweder er be-
kommt den Job gar nicht oder er verliert ihn
bald wieder, wenn sich herausstellt, dass er
der Aufgabe gar nicht gewachsen ist. Wenn
derjenige genau so einen Job wieder haben
möchte, wird er sich erst die höhere Quali-
fikation erwerben müssen. Denn ich kann
kein Schneider werden, ohne vorher Nähen
gelernt zu haben. Nun ist das nicht nur im
Job so, sondern im ganzen Leben:

* *Ich kann keine glückliche Beziehung führen,
  ohne die soziale Kompetenz erworben zu haben, wie man eine solche führt.*

* *Ich kann nicht gesund bleiben, ohne wenigstens einen blassen Dunst davon zu haben,
  wie ich meinen Körper gesund erhalte:
  Schlechtes Essen, kein Sport, viel Ärger, täglich viele Gifte um mich herum, eine hohe
  Dosis Elektrosmog – wer so lebt, ist inkom-
  petent, was seine eigene Gesundheit angeht.*

* *Ich kann nicht reich werden oder reich
  bleiben, wenn ich nicht mit Geld umgehen
  kann. Wenn ich von zehn Euro zwanzig aus-
  gebe, gibt es eher früher als später Probleme.*

Mit den spirituellen Künsten verhält es sich aber genauso:

* Wer nie Innenschau hält, kann nicht erwarten, die innere Stimme immer rechtzeitig zu hören, wenn sie etwas mitzuteilen hat.

* Wer nie entspannt, abschaltet, meditiert oder sonst wie den Geist zur Ruhe bringt, wird in unserer hektischen Welt schwerlich weit kommen mit seinen intuitiven Fähigkeiten.

* Wer seine Gefühle verdrängt, dem können sie nicht den Weg weisen.

* Wer nie in sein Herz hineinspürt, der verpasst die Botschaften seines Herzens.

* Wer stets unter Stress und Anspannung steht, bei dem funktioniert die Intuition überhaupt nicht, wie moderne Gehirnforscher uns schon mehrfach belegt haben.

ÜBUNG

Mache dir eine Liste: Was tust du regelmäßig für Körper, Geist, Seele und deine intuitiven Fähigkeiten?

Ein Muskel, den du nie nutzt, erschlafft auch und stirbt ab. Mit deiner Verbindung zum universellen Geist ist es das Gleiche wie mit Körper, Geist und Seele. Alle verkümmern, wenn wir uns nicht um sie kümmern. Es muss nicht viel sein. Täglich 10 Minuten kleinster Aufmerksamkeitslenkungen und Kontinuität wirken mehr als einzelne Großanstrengungen.

Mach dir Notizen, welche Kleinigkeiten du regelmäßig für dich selbst tun kannst:

14

POSITIVER UMGANG MIT HINDERNISSEN MACHT STARK

Stell dir vor: Dir platzt um 2 Uhr morgens auf der Autobahn ein Reifen deines Wagens und der Akku deines Handys ist grad leer.

Szenario 1: Du fährst auf den Seitenstreifen, wirst wütend, schreist rum, raufst dir die Haare und fängst dann an zu heulen und versinkst in Selbstmitleid und depressiven Gedanken. In diesem Zustand sinkst du hinter dem Steuer zusammen.

Szenario 2: Du fährst auf den Seitenstreifen, atmest durch die Nase in Gedanken Licht und Liebe ein und pustes allen Schreck und Stress aus dem Mund beim Ausatmen wieder heraus. Du legst die Hand auf den Bauch kurz unterhalb dem Nabel und atmest zur Hand hin, bis du dich wieder ruhig und entspannt fühlst. Dann steigst du aus, ziehst die Warnjacke an und schaust nach, in welcher Richtung die nächste Notrufsäule ist.

In beiden Fällen wirst du irgendwann wieder zu Hause ankommen. In welchem Fall hast du mehr Energie verloren und bist erschöpfter – bei *Szenario 1* oder *2?*

Wenn du die Erfahrung mit dir selbst machst, dass du auch in Krisen ruhig bleiben und klar nachdenken kannst und dass du dich dabei überraschend gut fühlst, sammelst du quasi Energiepunkte für dein weiteres Leben. Dein Selbstbild wird stärker und positiver dadurch. Du traust dir mehr zu. Deine Ausstrahlung wird energievoller, du wirkst anziehend auf andere und das Leben. Und ohne weiter etwas zu tun, ziehst du mehr positive Gelegenheiten an.

Wenn du hingegen reagiert hast wie in *Szenario 1*, dann verlierst du quasi Energiepunkte. Du wirst geschwächt aus der Situation herausgehen und Angst vor dem nächsten möglichen Problem haben.

Jedes kleine Problem, mit dem du konstruktiv umgehst, stärkt dich daher für die nächstgrößeren Hindernisse. Du sammelst sozusagen Energiepunkte dabei.

Beispiel: Am schwächsten sind die Menschen, denen immer einer alles abgenommen hat, denn sie trauen sich selbst nichts zu und fühlen sich abhängig

und kraftlos. Ich kann mich an einen jungen Mann erinnern, der völlig panisch rea-
gierte, als die Eltern ihn aufforderten, nun
endlich von zu Hause auszuziehen. Er war
bei einer Freundin von mir in der Beratung,
und es stellte sich heraus, dass er Angst
davor hatte, es nicht schaffen zu können,
Strom- und Wasserrechnung der neuen
Wohnung auf sich selbst ausstellen zu lassen
und die Wäsche selbst zu waschen. Das waren seine drei größten Panikpunkte. Als er
die bewältigt hatte, kam er strahlend zu
meiner Freundin und meinte, er wisse gar
nicht, wie er je so blöd hatte sein können,
so lange unter Mamas Fuchtel zu Hause zu
wohnen, wo die Freiheit doch so wunderbar
sei. Was für ein Glück, dass die Eltern ihn
rausgeworfen hatten.

Er hat sich nichts zugetraut, weil er nie
ein Problem selbst gelöst hat.

Probleme zu lösen macht stark – und ver-
mittelt sogar Glücksgefühle. Also auf zum
nächsten Problem und voller Freude drauf-
gestürzt. Du wirst mit mehr Kraft daraus
hervorgehen, als du vorher hattest.

Das ist auch wichtig für das Bestellen beim Universum. Denn wenn du eine 100-Punkte-Bestellliste für den Traumpartner hast, dann könnte es sein, dass dieser 500 km weit weg wohnt. Wenn du schon Angst davor hast, selbst mit den Stadtwerken zu telefonieren, wie willst du je einen Umzug in eine 500 km entfernte Stadt bewältigen? Du wirst die Lieferung verpassen. Klarer Fall von Annahmeverweigerung wegen Energiepunktemangel.

Jedes bewältigte Problem macht dich stärker und bereitet dich vor, auch auf größere Glückslieferungen des Lebens, die häufig mit einer Reihe von Änderungen im Leben verbunden sind.

ÜBUNG

Mache dir eine Liste. Welche Probleme habe ich bisher in meinem Leben schon konstruktiv bewältigt? Wie ging es mir danach?

DAS FÜHLGEBET DER ALTEN INDIANER ENTDECKEN

Die alten Indianer hatten eine ganz eigene Art, beim Universum zu bestellen: Sie stellten sich möglichst lebhaft vor, wie es wäre, wenn das Gewünschte bereits da wäre, und spürten genau hin, wie es sich anfühlte. Wenn sie das Gefühl deutlich wahrnehmen konnten, dann dankten sie dafür und waren überzeugt, dass dies das Gewünschte ins Leben zieht. Diesen Vorgang nannten sie *Fühlgebet* und hielten es für weitaus wirkungsvoller als ein Bittstellungsgebet, bei dem der Betende sich selbst als klein und schwach erlebt und auf die Gunst höherer Mächte warten muss.

Die Gunst besteht aber darin, dass bereits alles in uns ist und dass wir diese Kräfte nur wieder in uns entdecken müssen.

Es gibt inzwischen unendlich viele Versuche zum Placeboeffekt, und manche Ärzte (siehe auch die Lesetipps im Anhang) sind der Überzeugung, dass das, was uns wirklich krank macht oder Krankheiten einen fatalen Verlauf verleiht, Angst und Unversöhnlichkeiten sind. Wer keine Angst hat, kann sich von fast allem wieder heilen, auch noch im finalen Zustand der Krankheit.

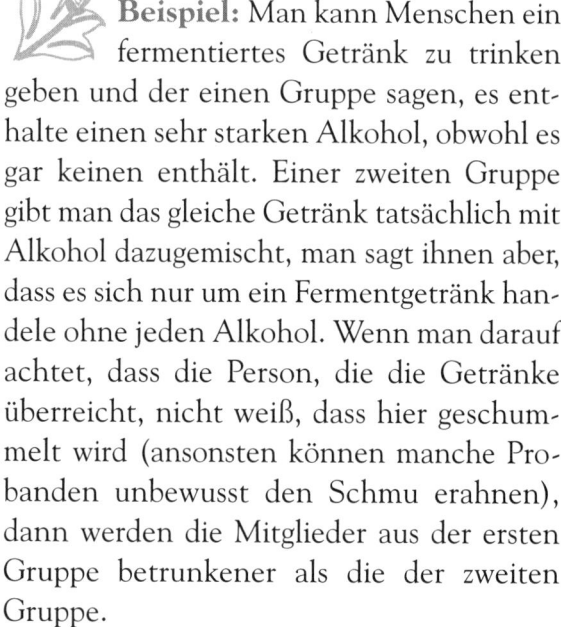 **Beispiel:** Man kann Menschen ein fermentiertes Getränk zu trinken geben und der einen Gruppe sagen, es enthalte einen sehr starken Alkohol, obwohl es gar keinen enthält. Einer zweiten Gruppe gibt man das gleiche Getränk tatsächlich mit Alkohol dazugemischt, man sagt ihnen aber, dass es sich nur um ein Fermentgetränk handele ohne jeden Alkohol. Wenn man darauf achtet, dass die Person, die die Getränke überreicht, nicht weiß, dass hier geschummelt wird (ansonsten können manche Probanden unbewusst den Schmu erahnen), dann werden die Mitglieder aus der ersten Gruppe betrunkener als die der zweiten Gruppe.

Versuche wie dieser zeigen, wie stark unsere Vorstellungskraft ist und wie sehr sie uns beeinflusst. Das *Fühlgebet* der Indianer macht sich diese Tatsache auf positive Weise zunutze.

ÜBUNG

Schreibe dir dein eigenes *FÜHLGEBET*. Schreibe auf, was du fühlst, wenn das, was du dir wünschst, bereits eingetreten ist.

Wenn du dir z. B. eine neue Wohung wünschst, schreibe auf, wie du dich in dieser Wohung fühlst.

Wünschst du dir einen Partner/Partnerin, schreibe, wie du dich mit ihm/ihr fühlst.

Mein Fühlgebet:

_____

_____

_____

_____

_____

_____

_____

_____

Mein Fühlgebet:

Mein Fühlgebet:

16

DER VERSTAND IST DER KAPITÄN, DAS GEFÜHL DER TREIBSTOFF UND MOTOR

Unser Verstand trifft die Entscheidungen, wo es hingehen soll. Aber das Gefühl ist der Motor und der Treibstoff gleichzeitig.

Wenn ich voller Sorgen und Selbstzweifel bin, bin ich im Schneckentempo unterwegs. Je größer hingegen meine Zuversicht und meine allgemeine Freude am Leben sind, desto schneller komme ich am Ziel an.

Die Auseinandersetzung mit unseren Gefühlen ist daher besonders wichtig (ich habe darüber in meinem Buch »Fühle mit dem Herzen« geschrieben).

Die wichtigste *Übung* dabei ist dem Fühlgebet ganz ähnlich. Sie erkundet den »Wunsch hinter dem Wunsch«.

Schließe für einen Augenblick die Augen und stell dir vor, dein größter Wunsch wäre bereits erfüllt. Wie würdest du dich dann fühlen? Und wie würde sich dieses Gefühl in deinem Körper ausdrücken?

Der Wunsch hinter dem Wunsch ist immer ein Gefühl, um das es uns eigentlich geht, und es ist bei jedem anders.

 **Ein Beispiel:** Jemand stellt sich vor, dass er sich in seinem Idealjob vollkommen frei und selbstbestimmt fühlt. Ein anderer hingegen sehnt sich nach freundschaftlicher Verbundenheit in einem starken Team. Und dem nächsten wiederum geht es um das Gefühl der Anerkennung.

Finde dein Wunschgefühl hinter der Bestellung heraus und bestelle es einfach mit beim Universum!

Rufe es dir so oft du magst ins Gedächtnis zurück, denn dann erkennt dein Unterbewusstsein schneller die dazu passenden Gelegenheiten, weil sie sich so anfühlen wie dein Wunschgefühl. Du tankst dann den Treibstoff für den Motor deines Unterbewusstseins.

Auch den Idealpartner kann man dann daran erkennen, dass er sich so anfühlt wie die Idealpartnerschaft in der inneren Vision. Und schon wählt man den Partner nicht mehr nach den alten Familienmustern aus, sondern nach dem tatsächlichen eigenen Wunschgefühl.

ÜBUNG

Frage dich bei allem, was du dir beim Universum bestellen möchtest, was der Wunsch hinter dem Wunsch ist.

Wie würdest du dich fühlen, wenn es schon da wäre? Bestelle dieses Gefühl mit und kultiviere und verstärke es überall im Leben wo möglich.

Was sind meine Wunschgefühle:

_____

_____

_____

_____

_____

_____

_____

_____

_____

_____

17

WAS ICH TUE, WENN ICH NUR WEISS, WAS ICH NICHT WILL

Es macht rein gar nichts, wenn ich nur weiß, was ich nicht will. Denn das kann man ändern, indem man sich die eigene Resonanz dazu anschaut und diese heilt. Als Folge davon beginnt sich automatisch eine neue Realität zu entfalten, weil man mit der veränderten, geheilten Resonanz andere Dinge in sein Leben zieht.

Resonanz heißt in diesem Fall meine eigene Anziehung. Was in mir zieht die unliebsame Situation/Person an? Vielleicht halte ich vor lauter Angst vor einer Situation permanent genau danach Ausschau oder ich lehne etwas so stark ab, dass ich dem Thema ganz viel Energie gebe und es damit anziehe, etc.

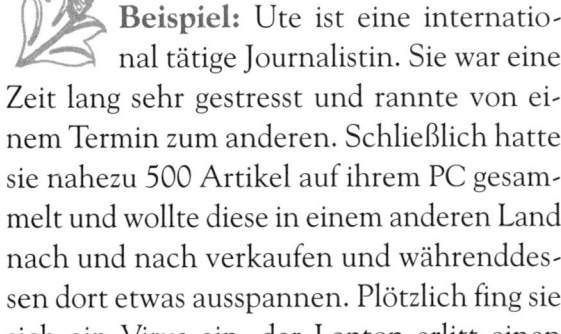 **Beispiel:** Ute ist eine international tätige Journalistin. Sie war eine Zeit lang sehr gestresst und rannte von einem Termin zum anderen. Schließlich hatte sie nahezu 500 Artikel auf ihrem PC gesammelt und wollte diese in einem anderen Land nach und nach verkaufen und währenddessen dort etwas ausspannen. Plötzlich fing sie sich ein Virus ein, der Laptop erlitt einen Totalabsturz, und alle 500 Artikel waren weg.

Sie war total entsetzt und am Boden zerstört.
An eine Datensicherung hatte sie irgendwie
nie gedacht. Nun war die Arbeit vieler Jahre zerstört. Ute rannte von einem Spezialis-
ten zum anderen , aber keiner konnte ihrem
Laptop die Daten wieder entlocken.

Schließlich befasste sich Ute mit Innenschau
und der Frage »Was in mir ist in Resonanz
damit, dass mir so etwas passieren kann?«.

Wenn man sich diese Frage in einem ent-
spannten Zustand stellt, findet sich immer
eine Antwort. Wenn man die Frage an meh-
reren Tagen hintereinander stellt, findet man
möglicherweise sogar mehrere Antworten.
Alle sind Teile eines größeren Puzzles, mit
dem man sich diese Situation erschaffen hat.

Ute fand unter anderem heraus, dass sie immer noch so unter dem Gefühl von Druck
stand, dass sie sich selbst damit schadete. Sie
empfand den Absturz des Computers als eine Art warnenden Hinweis, damit ihr selbst
der (körperliche) Absturz erspart blieb.

Was immer man findet, man sagt daraufhin zu sich selbst:

* *Es tut mir leid, ich liebe mich trotzdem.*

* *Ich verzeihe mir diese Resonanz und liebe mich trotzdem.*

* *Es ist o. k. so, wie es ist, ich liebe mich so, wie ich bin.*

Was immer gerade am besten passt. Achte auf das Gefühl, wenn du diese Sätze zu dir selbst sagst.

Du kannst mit dieser Art der inneren Übung entweder mehr inneren Frieden erreichen oder ganz neue Lösungswege werden sichtbar oder tauchen kurz darauf in deinem Leben auf.

Im Fall von Ute lernte sie plötzlich einen besonders gewieften Hacker kennen, der mit einem flotten Schwung aus dem Handgelenk alle 500 Artikel auf ihrer Festplatte wieder herzauberte und sie ihr auf den neuen Rechner rüberkopierte.

Ähnlich erging es Barbara mit einer Kollegin, von der sie sich gemobbt fühlte. Die Kollegin war jung und schick und Barbara kurz
vor der Rente und nicht ganz so flott unterwegs. Barbara hatte an manchen Tagen re-
gelrechte Atemnot und sie kam mit der Situation nicht zurecht.

Ihr half die Frage:

* *»Wenn ich diese Kollegin wäre und würde
  so handeln, warum täte ich es?«*

und:

* *»Was in mir ist in Resonanz dazu, dass ich
  so eine Kollegin habe?«*

Auch das, was sie hierzu fand, löste sie auf
mit »Es tut mir leid, ich liebe mich trotzdem« und den anderen beiden Sätzen.

Barbara machte diese Übungen immer wieder, wenn sie Probleme mit einer Verhaltens-
weise der jüngeren Kollegin hatte. Zwei Wochen später hatte die jüngere Kollegin ein
Problem, das nur Barbara erkannte, weil sie
durch die Übung einige Eigenarten der Jüngeren durchschaut hatte. Wortlos und de-

zent half sie ihr. Die Jüngere war darüber so erleichtert, dass sie seitdem wie umgewandelt und die Freundlichkeit in Person ist.

Sie hat sich sogar für ihr früheres Verhalten entschuldigt und gesagt, sie hätte gedacht, die ältere Kollegin würde alles ablehnen, was sie als Neuling an Veränderungen mit in die Firma brächte. Aber nun sähe sie, dass sie sich total geirrt habe. Das täte ihr leid.

Daraufhin war es an Barbara, sich zu entschuldigen. Denn bei der Übung, was in ihr in Resonanz zu dem Problem sei, hatte sie genau das über sich selbst herausgefunden, dass ihr jede Änderung zuwider war. Aber nachdem sie sich dies verziehen hatte, machten ihr die Änderungen sogar Spaß.

Bei dieser Art der Übung musst du nie wissen, was du willst, sondern nur, was dich stört und ärgert und was sich zum Besseren wenden soll.

Mehr dazu (Infos und weitere Gratisanleitungen) auf: www.cosmic-ordering.de.

REGEL

18

NUTZE DAS GESETZ DER ANZIEHUNG

Kennst du das: Du trennst dich von deinem Partner und findest einen neuen. Aber nach nur wenigen Monaten legt dieser ein ganz ähnlich unmögliches Verhalten an den Tag wie der erste? Oder du wechselst den Job, weil einfach alles unmöglich ist. In der neuen Firma scheint alles viel besser zu sein, aber nach kurzer Zeit entwickelt sich alles genauso wie in der alten Firma. Wie kann das sein?

Das ist das Gesetz der Anziehung, und es zeigt uns gnadenlos, wie es in unserem tiefsten Unterbewusstsein aussieht. Wir können derartigen Wiederholungsschleifen nur entkommen, wenn wir das Problem innerlich ändern.

Beispiel: Indische Meister sehen es so: Der Mensch hat keinen freien Willen im Handeln. Denn jede Handlung wird immer wieder zu den gleichen Ergebnissen führen, solange wir unsere inneren Muster nicht ändern. Der freie Wille des Menschen besteht jedoch zu 100 Prozent im Ändern unserer inneren Glaubensmuster, Erwartungshaltungen, Einstellungen und inneren Qualitäten. Wann immer wir diese ändern, wird unsere nächste Handlung im Außen ganz automatisch völlig neue Ergebnisse hervorbringen.

Man muss dabei aus der Sicht der Inder nicht wissen, wer wann wo und warum uns was angetan hat oder warum. Es genügt, beständig die eigenen Qualitäten und Charaktereigenschaften zu veredeln und zu verfeinern.

Denn: »Ein Vogel, der hoch fliegt, den trifft keine Steinschleuder.«

In gleicher Weise fallen alle niedrig fliegenden Kindheitsmuster, alten Verletzungen und Schmerzen automatisch von uns ab, wenn wir uns hochgeschwungen haben auf ein Bewusstseinslevel, auf dem die neuen Qualitäten das Alte entweder automatisch überschreiben oder auf dem es einfach von uns abfällt.

1. ÜBUNG

Stell dir vor: Alles Alte und Niedrigschwingende in deinem Bewusstsein und deinem Körper sinkt hinab und fällt durch deine Fußsohlen tief in die Erde zum Kern der Erde hinab. Mutter Erde transformiert es dort mit Leichtigkeit und Liebe, sodass es schließlich irgendwo auf der Erde als bunter Schmetterling wieder hervorkommt und fröhlich davonfliegt.

Atme dazu durch die Nase ein und den Mund aus und stell dir vor, wie du alles Unerwünschte in die Erde hineingibst.

Dann halte die Handflächen nach oben in den Himmel und stell dir vor, wie du neue Kraft, Liebe, Dankbarkeit, Weisheit und Intuition in dich aufnimmst. Atme nun diese durch die Handflächen in den Körper hinein.

Horche bei allem, was dir begegnet, in dich hinein und frage dich, mit welchen Werkzeugen du mit besonderer Freude und Kraft an deiner inneren Veredelung arbeiten kannst, sodass auch du zu einem Vogel wirst, der zu hoch fliegt, um noch von einer Steinschleuder getroffen zu werden.

2. ÜBUNG

Danke deinen Ahnen für dein Leben und erkenne an, welche Schwierigkeiten der eine oder andere von ihnen in seinem Leben meistern musste.

Danke ihnen allen dafür, dass sie durch dies alles durchgegangen sind und damit dein Leben möglich gemacht haben. Gib ihnen gleichzeitig alles zurück, was du meinst, dass du es von ihnen geerbt haben könntest, was du nicht mehr haben möchtest. Indem du ihnen dankst und sie anerkennst, werden sie es gerne zurücknehmen, und es wird sich in der Liebe zwischen euch auflösen.

Nimm dafür in Gedanken das positive Potenzial all deiner Ahnen auf und stärke dich damit. Danke auch hierfür in Gedanken jedem Einzelnen.

REGEL

19

IN EINHEIT LEBEN

In Einheit zu leben mit allem bedeutet keineswegs, sich selbst aufzugeben. Wir sind alle eigenständige Bestandteile eines großen Ganzen und dienen dem Ganzen gerade durch unsere Eigenständigkeit.

Stell dir vor, die Zellen deiner Nase wären einem etwas dussligen Guru verfallen und würden nun meinen, sie müssten ihre Eigenständigkeit aufgeben, jegliche Individualität fahren lassen und sich stattdessen in die Einheit der Hautmuskeln einfügen. Zack bumm, hättest du keine Nase mehr, sondern eine platt durchgehende Haut an der Stelle. Blöd, oder?

Einheit heißt vielmehr: Wir sind alle eigenständige Zellen eines größeren Körpers (z. B. des Körpers der Menschheit) und wir dienen diesem Ganzen am besten, wenn wir unsere Eigenart und unseren Seelenplan gut ausfüllen. Die Natur ist schlau. Sie hat es so eingerichtet, dass jeder am glücklichsten ist, wenn er genau das tut, was seiner Seelenaufgabe entspricht. Die Nasenzelle ist dann einfach am glücklichsten, wenn sie eine Nase formt, und nicht, wenn sie darüber meditiert, wie es wäre, eine Zelle im großen Zeh zu sein.

Es ist ein Problem in unserer Gesellschaft,
dass wir Bauchnabelzellen (geborene He-
bammen z. B.) als Juristinnen bei Gericht
sitzen haben, weil Papa das so wollte. Und
die geborenen Kopfzellen (Juristen z. B.)
mussten eine Schreinerlehre machen, weil
die alleinerziehende Mama kein Geld fürs
Studium hatte oder Ähnliches. Im allgemei-
nen Frust wollen sie dann alle »wenigstens«
so viel Geld scheffeln wie möglich, quasi als
Entschädigung für ihr verpfuschtes Leben.

Aus meiner Sicht geht es daher als Erstes
darum, die Einheit in dir selbst anzustreben:
Einheit von Körper, Geist und Seele.

Gibt es einen Teil, den du vernachlässigst?
Wenn deine Seele oder dein Körper zu wenig Nahrung von dir erhalten, dann kann
»Einheit praktizieren« auch bedeuten, ein
paar andere Leute NICHT zurückzurufen,
die das gerne hätten, sondern stattdessen
lieber eine Auszeit zu nehmen, um selbst in
Balance zu kommen.

ÜBUNG

Was kann ich noch tun, um mehr Einheit in mir selbst zu finden und zu schaffen? (Vertiefende Buchtipps findest du im Anhang.)

Schreibe dir auf, welchen Teil von Körper, Geist und Seele du möglicherweise vernachlässigst, und darunter, was du für ihn tun willst.

_____

_____

_____

_____

_____

_____

_____

_____

_____

20

GÖNNE
DIR
DANKBARKEIT

Dankbar zu sein für die kleinen Dinge des Lebens (und für die großen natürlich auch) heißt, dass man sein Herz öffnet für das Leben. Und je weiter das Herz geöffnet ist, desto stärker ist die Verbindung mit der kosmischen Weisheit und Führung in mir.

Immer wenn ich mein Herz verschlossen halte, schließe ich mich selbst ab vom Energiestrom. Das ist nicht sehr klug, passiert aber auch mir immer wieder. Und dann kann ich mich von Neuem erinnern. Statt mich zu ärgern über mein Gegenüber, kann ich mich fragen:

»Was kann ich von diesem Menschen lernen, was ist die Schönheit seiner Seele, worin drückt sie die Liebe in diesem Menschen aus?«

Wenn ich denke: »Wie kann mein Gegenüber nur, er/sie sollte doch lieber blablabla, und warum tut er/sie nicht dies und das, der/die müsste doch unbedingt tralala«, bin ich letztlich undankbar für das Leben, denn ich kritisiere das Sein des anderen.

Indem ich mich bemühe, wieder die Schönheit in ihm zu sehen, erhöht sich meine

Wertschätzung für denjenigen. Und mein Lohn ist, dass die Energie in mir wieder fließt und ich wieder verbunden bin mit meiner inneren Führung.

Ich gebe zu, dass das häufig eine Gradwanderung ist: einerseits zu mir selbst zu stehen und mich nicht übertölpeln zu lassen und andererseits auf den Ruf nach Liebe im anderen einzugehen. Aber je mehr ich übe, desto feiner werden die Nuancen meiner Handlungsmöglichkeiten. Ich erkenne, dass es fast immer eine Lösung gibt, von der beide Seiten profitieren. Wenn ich das möchte. Und wenn ich nicht möchte, entscheide ich mich ganz bewusst dafür und ohne jegliche Selbstvorwürfe. Ich darf sein. Punkt.

Ich kann aber auch erkennen, dass es manchmal unvermeidlich ist, andere zu verletzen. Wenn ich dies jedoch liebevoll und achtsam tue und mit der Absicht, das Richtige und Angemessene zu tun, dann werden das Gesamtresultat und die Antwort des Lebens ganz anders sein, als wenn ich einfach nur um mich schlage mit einer inneren Haltung von »Ich hab recht und du bist doof«.

Man kann nur recht haben oder Freunde,
beides gleichzeitig geht nicht, sagt Marshall
Rosenberg, der Erfinder der gewaltfreien
Kommunikation. Und Freunde zu haben ist
sicherlich viel erfüllender, als ein einsamer
Rechthaber zu sein. Auch das hat mit Dankbarkeit zu tun. Letztlich bin ich dankbar für
die Freundschaft des anderen und kann aus
dieser Wertschätzung heraus auch gelegent-
lich mal aufs Rechthaben verzichten.

ÜBUNG

*In welchen Bereichen meines Lebens geht es mehr
darum, zu mir selbst zu stehen und mich nicht zu
verbiegen?*

*Und in welchen Bereichen geht es darum, mehr
Dankbarkeit zu zeigen für das, was ist?*

*Kann ich möglicherweise sogar beides verbinden,
so paradox das im ersten Moment klingen mag?*

Hier könnte ich mehr zu mir selbst stehen:

Hier könnte ich mehr Dankbarkeit zeigen:

Versuche es jetzt noch mal mit der Übung zu Regel 1 (siehe Seite 18 ff.).

21

BESTELLUNGEN BEIM UNIVERSUM UND HEILUNG

Bestellungen beim Universum funktionieren auf Dauer nur mit einem offenen Herzen und mit einem guten »Draht nach oben«, wenn ich auf die innere Führung und die kleinen Impulse von innen achten kann.

Und wie funktioniert Heilung? Ganz genauso. Es gibt nie eine Pauschaltherapie, die bei allen wirkt, sondern Heilung ist immer ein ganz individueller Weg. Sie erfordert ein offenes Herz und dass der Betroffene lernt, wieder ganz auf die kleinen Impulse seiner Seele zu achten und der inneren Führung zu vertrauen und zu folgen.

Die Fragen, die mich weiterbringen, sind in beiden Bereichen – Bestellungen und Selbstheilung – dieselben.

✳ *Was ist mein nächster Schritt auf dem Weg zur Heilung oder auf dem Weg zur Erfüllung meines Wunsches?*

✳ *Womit blockiere ich den Energiefluss?*

✳ *Wie kann ich mein Herz weiter öffnen?*

✳ *Wie habe ich mich selbst in diese Situation gebracht?*

✳ *Was will sie mir sagen?*

✳ *Wie kann ich mich versöhnen mit der Situation des unerfüllten Wunsches oder mit der Krankheit?*

1. ÜBUNG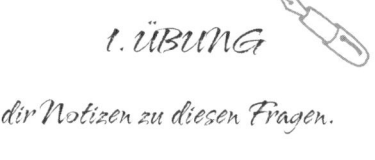

Mach dir Notizen zu diesen Fragen.

2. ÜBUNG

Übung zur Stärkung der Gesundheit:

Jeden Morgen einige Male bewusst dem Atem folgen, wie er durch den Körper fließt, und sich dabei vorstellen, wie er bis in jede einzelne Zelle hineinfließt. Wann immer dabei irgendwo im Körper das Gefühl entsteht, der Atem könne an dieser Stelle nicht frei und ungehindert fließen, atmet man so lange besonders tief in diese Stelle hinein, bis das Gefühl des freien Flusses auch an dieser Stelle wieder da ist.

Diese Übung stärkt unsere Feinwahrnehmung für uns selbst und gleichzeitig fällt es uns automatisch leichter, die innere Stimme zu hören, wenn sie uns einen Hinweis geben möchte.

ZUSÄTZLICHES

ZUSAMMEN-FASSUNG DER 21 GOLDENEN REGELN

Leg diese Regeln nicht einfach beiseite. Sie sind extra so kurz und handlich im Handtaschenformat gehalten, damit du sie immer mitnehmen und immer wieder hineinschauen kannst. Eigentlich wissen wir mittlerweile schon längst alles Nötige. Es wird Zeit, die Dinge auch anzuwenden und dabei einen ganz persönlichen Stil zu entwickeln.

Denn die Arbeit am Selbst wird nur wirklich erfolgreich sein, wenn sie keine Arbeit ist, sondern ein Prozess voller Freude und Spaß an der Selbstentdeckung und Weiterentwicklung. Erinnere dich an die Aussage der indischen Meister zum freien Willen. Wie war das noch mal? Ja, genau, am besten gleich wieder nachschlagen …

Viel Erfolg und alles Liebe auf dem Weg zur Entdeckung und zum Leben deines vollkommenen Potenzials

wünscht dir
Bärbel

Regel 1:
Das Außen ist ein Spiegel des Innen

Beim Universum zu bestellen heißt, davon auszugehen, dass das äußere Leben ein Spiegel des inneren Lebens ist. Ich bestelle eigentlich immer, denn alles, was mir begegnet, spiegelt mir, wie es in meinem Inneren aussieht.

Regel 2:
Sieh nur Liebe oder den Ruf nach Liebe

Betrachte einmal jedes nicht liebevolle Verhalten als einen Ruf nach Liebe. Ärger und das Gefühl, angegriffen zu werden, können sich bei dieser Sichtweise auflösen in Mitgefühl und inneren Frieden.

Regel 3:
Erwartungshaltungen erzeugen Realität – besonders wenn sie unbewusst sind

Wo in deinem Leben hast du festgefahrene Erwartungshaltungen? Lohnt es sich vielleicht, die eine oder andere neu zu hinterfragen? Beispiel: Ich konnte noch nie dies und das. Wie lange hast du es schon nicht mehr ausprobiert? Jede Schwäche kann sich auch in eine Stärke verwandeln. Gib dir selbst eine Chance.

Regel 4:
Was du bist und wie es dir geht, wirkt auf andere

Du strahlst dein Grundlebensgefühl und den Grad deiner Selbstliebe aus. Wenn du dich selbst ablehnst, fällt es auch anderen schwer, dich zu lieben – oft ohne dass sie formulieren könnten, warum. Dein Gefühl zu dir selbst überträgt sich auf sie. Das Beste, was du für dich selbst tun kannst, ist daher immer, deine Selbstliebe zu steigern.

Regel 5:
Erlaube dir negative Gedanken

Falsch: »Ich bin so blöd, immer denke ich so negativ, ich werde es nie kapieren …« und ähnliche Gedanken oder gar Schuldgefühle ziehen dich immer weiter runter.

Richtig: Wenn negative Gedanken aufkommen, erlaube sie dir und versichere dir selbst, dass du dich trotzdem liebst und dass es ganz normal für jeden Menschen ist, auch negative Gedanken zu haben.

»Gott/der Himmel/mein Schutzengel/das Universum segne diesen dämlichen Gedanken« ist ein hilfreicher Gedanke, den du jedem negativen Gedanken hinterherschicken kannst, der dir auffällt.

Regel 6:
Erlaube dir, glücklich zu sein

Je glücklicher du bist, desto mehr Glück kannst du auch in die Welt hinaustragen. Es gibt keinen Grund, Schuldgefühle zu haben, wenn es dir besser geht als anderen. Im Gegenteil, damit würdest du nur zur Vermehrung des Unglücks beitragen. Sei lieber ansteckend glücklich – das hilft auch anderen.

Regel 7:
Glück ist dein natürlicher Zustand

Im Zustand des Glücks werden das Göttliche und ich wieder eins. Glücklichsein ist die Schwingung der Urschöpfung und deines göttlichen Wesenskerns. Kein Baby kommt unglücklich auf die Welt. Entdecke in dir wieder die natürliche Freude am Sein.

Regel 8:
Das Licht fängt sich in dir

Du entscheidest zu jeder Sekunde, ob du das Licht in dir zum Leuchten bringst oder ob du es vorbeiziehen lässt und verscheuchst. Jeder liebevolle Gedanke zieht Licht an und verstärkt es in dir. Jeder unversöhnliche Gedanke löst die Struktur in dir auf, und das Licht entflieht.

REGEL 9:
Unser Unterbewusstsein filtert

Kaum ist man (bzw. frau) schwanger oder die Partnerin ist es, scheinen überall schwangere Frauen herumzulaufen. Unser Unterbewusstsein filtert. Sobald du eine klare Bestellung formulierst und aufgibst, fängt es wieder an, zu filtern und deine Aufmerksamkeit auf die Gelegenheiten zu lenken, die dich deinem Ziel näher bringen.

REGEL 10:
Nicht nur der kürzeste Weg führt zum Ziel

Es gibt eine innere Weisheit in dir, die sieht das große Ganze. Lerne tief in dich hineinzuhorchen und der Stimme deiner inneren Führung mehr und mehr zu folgen. Dann kommst du schneller zum Ziel, auch wenn dein Verstand oft nicht weiß, wie du es plötzlich dorthin geschafft hast.

REGEL 11:
Das Meiste, was du dir erschaffst, dient auf seelischer Ebene deinem Besten, vertraue dir selbst

Dankbar zu sein und das Beste aus jedem Moment zu machen ist so, als würdest du die innere Navigation auf »Autopilot ins Glück«

stellen. Denn wenn du nur herummäkelst an deinem Leben, wie es ist, kritisierst du das Göttliche in dir. Das ist wie ein Misstrauensantrag an dich selbst. Danke dir selbst für dein Leben und vertraue dir. Deine innere Weisheit wird dich reich belohnen.

Regel 12:
Probleme wollen uns helfen

Probleme und Hindernisse auf positive Weise zu überwinden macht glücklich. Die Abwesenheit jeglicher Probleme und Hürden dagegen führt zu Trägheit, Langeweile, mangelndem Selbstvertrauen und Unglück. Ein chinesischer Fluch heißt sogar: »Mögen alle deine Wünsche sich erfüllen.«

Regel 13:
Auch intuitive Fähigkeiten wollen gepflegt werden

Was tust du regelmäßig für Körper, Geist, Seele und deine intuitiven Fähigkeiten? Ein Muskel, den du nie nutzt, erschlafft auch und stirbt ab. Trainiere auch deinen Intuitions-»Muskel«, damit er im Bedarfsfall immer einsatzbereit ist. ☺

REGEL 14:
Positiver Umgang mit Hindernissen macht stark

Liebe deine Probleme und nutze sie, um an ihnen zu wachsen. Mit jedem überwundenen Hindernis sammelst du Kraft und Selbstvertrauen und kannst so immer mehr im Leben erreichen.

REGEL 15:
Das Fühlgebet der alten Indianer entdecken

Die alten Indianer stellten sich möglichst lebhaft vor, wie es wäre, wenn das Gewünschte bereits da wäre, und spürten genau hin, wie es sich anfühlte. Wenn sie das Gefühl deutlich wahrnehmen konnten, dann dankten sie dafür und waren überzeugt, dass dies das Gewünschte ins Leben zieht.

REGEL 16:
Der Verstand ist der Kapitän, das Gefühl der Treibstoff und Motor

Der Verstand trifft die Entscheidungen, wo es hingehen soll. Aber das Gefühl ist der Motor und der Treibstoff gleichzeitig. Wenn ich voller Sorgen und Selbstzweifel bin, bin ich im Schneckentempo unterwegs. Je größer hingegen meine Zuversicht und meine allgemeine Freude am Leben sind, desto schneller komme ich am Ziel an. Wie möchtest du dich fühlen und wie würdest du dich fühlen, wenn das Gewünschte bereits da wäre? Verstärke dieses Gefühl im Leben.

Regel 17:
Was ich tue, wenn ich nur weiß, was ich nicht will

Heile die Resonanz in dir, die das erschaffen hat, was du nicht willst: Frage dich, was in dir in Resonanz ist mit der Person, die du nicht magst, oder mit dem unliebsamen Ereignis. Hülle alles in deine Liebe ein, was du findest, und liebe immer wieder dich selbst so, wie du bist, und mit allem, was du in dir findest.

Regel 18:
Nutze das Gesetz der Anziehung

Wir haben nur einen vermeintlich freien Willen im Handeln, denn jede Handlung bringt ähnliche Ergebnisse hervor entsprechend unserer inneren Muster und Einstellungen. Wir haben jedoch 100 Prozent freien Willen beim Ändern unserer inneren Einstellungen und Qualitäten. Ändern wir diese, ziehen wir automatisch andere Resultate in unser Leben.

REGEL 19:
In Einheit leben

Wir sind alle integrale Bestandteile eines großen Ganzen. Man könnte auch sagen, wir sind eigenständige Zellen eines größeren Körpers (z. B. des Körpers der Menschheit), und wir dienen diesem Ganzen am besten, wenn wir unsere Eigenart und unseren Seelenplan gut ausfüllen.

REGEL 20:
Gönne dir Dankbarkeit

Immer wenn ich mein Herz verschlossen halte, schließe ich mich selbst ab vom Energiestrom. Dankbarkeit öffnet mich wieder für den Energiestrom.

REGEL 21:
Bestellungen beim Universum und Heilung

Bestellungen beim Universum funktionieren auf Dauer nur mit einem offenen Herzen und mit einem guten »Draht nach oben«, wenn ich auf die innere Führung und die kleinen Impulse von innen achten kann. Und wie funktioniert Heilung? Ganz genauso! Beides sind individuelle Prozesse, deren letztendlichen Schlüssel du nur in deinem eigenen Herzen finden kannst.

BESTELLUNGEN BEIM UNIVERSUM – DIE BASISREGELN ZUSAMMEN-GEFASST

Zusammenfassung der Techniken
aus »Die Mohr-Methode« und »Fühle mit
dem Herzen« und den Bestellbüchern

Die Basisbestellregeln

* Bestelle so (schriftlich oder in Gedanken, mit oder ohne Kerze), dass es sich gut und kraftvoll für dich ganz persönlich anfühlt.

* Formuliere immer positiv.

* Achte auf dein Bauchgefühl.

* Kleinbestellungen sind erlaubt. Mit ihnen kannst du trainieren, auf die innere Stimme zu hören.

* Wenn du dir nicht sicher bist, ob du deine Bestellung o. k. findest, häng einfach mit dran: »… auf eine Weise, die dem höchsten Wohle des Ganzen dient.«

* Befrage auch dein Herz, ob es einverstanden mit deinen Bestellungen ist.

* Dankbarkeit bringt dich in Fluss mit dem Leben und der inneren Stimme.

* Nichts verraten, bevor geliefert wurde, du setzt dich sonst unnötig unter Druck.

* Führe ein Gedankentagebuch. So kannst du leicht herausfinden, welche Qualitäten du überwiegend ins Universum sendest.

* Eigentlich wissen wir mittlerweile schon längst alles Nötige. Es wird Zeit, die Dinge

auch anzuwenden und dabei einen ganz persönlichen Stil zu entwickeln. Finde deinen Stil und deinen Weg in der Kommunikation mit dem Universum.

1

Es ist egal, wie oder wo du bestellst. Das Universum hört immer zu, es kann gar nicht anders. Alles, was du aussendest, denkst, fühlst, glaubst, erwartest, kreiert automatisch eine Resonanz im Universum, und es erfolgt immer ein Feedback.

Was eine Bestellung von einem zufällig dahingedachten Gedanken unterscheidet, ist die klare Absicht und Fokussierung.

Am Anfang kann es daher hilfreich sein, deine Bestellungen aufzuschreiben und an einen schönen Ort zu legen. Manche Menschen legen gerne eine Blüte oder eine Kerze oder einen schönen Stein dazu. Es gibt dabei kein Richtig oder Falsch. Das einzige Kriterium ist: Es muss sich für dich gut anfühlen.

Es gibt auch Menschen, die verbrennen ihre Bestellung, nachdem sie sie aufgeschrieben haben, wieder andere werfen sie in den

Fluss. Andere bestellen nur nachts bei Mon-
denschein auf dem Balkon. Es ist alles richtig, wenn du dich dabei gut und kraftvoll
und verbunden mit dem Universum fühlst.

2

Was immer du bestellst, es muss natürlich
positiv formuliert sein. Diese Regel hat sich
inzwischen bei den meisten Menschen he-
rumgesprochen. Ist ja auch klar: Wenn beispielsweise dein Kind zu dir sagt, du sollst
ihm nicht seinen Teddybär holen, dann weißt
du auch nicht, was es denn stattdessen will.
Und die Erfahrung mit Kindern lehrt: Alles,
was man stattdessen bringt, ist falsch, so lange, bis das Kind sagt, was es wirklich will.
Dem Universum geht es ganz einfach genauso. Es muss wissen, was es bringen soll.

3

Deine wichtigste Aufgabe beim Bestellen ist
es, dich zu öffnen für die Stimme des universellen Lieferboten in dir, also für dein Bauchgefühl, die Intuition, die innere Weisheit, die
Stimme deines Herzens, dein inneres Gefühl
und so weiter.

   Nur in seltenen Fällen klingelt der universelle Lieferbote an der Haustür.

Angst, Groll, Ärger und Stress übertönen diese innere Führung. Wohingegen Selbstliebe, Liebe, Dankbarkeit, Freude und Vertrauen sie fördern.

Das ist wunderbar. Denn vermutlich geht es dir wie mir: Da gibt es immer noch eine Menge an Entwicklungspotenzial, und während wir daran arbeiten, die Ängste in Vertrauen zu verwandeln und den Groll in Dankbarkeit und so weiter, wird es uns garantiert nicht langweilig, während wir auf die Lieferung warten …

4

Auch Kleinigkeiten dürfen bestellt werden. Oft kommt die Frage, ob es denn in Ordnung sei, das Universum mit irgendwelchem Kleinkram zu belästigen, oder ob man nicht lieber nur die großen Dinge bestellen soll. Meinem Eindruck nach verhält es sich mit dem »Draht nach oben« ähnlich wie mit einem Muskel: Wenn man ihn nie trainiert, erschlafft er und muss erst wieder neu aufgebaut werden, bevor man ihn schließlich wieder nutzen kann.

Mit Kleinbestellungen kannst du trainieren, auf die innere Stimme zu hören. Außerdem geben dir kleine Erfolgserlebnisse Mut und stimmen fröhlich, und das ist dann genau die richtige Grundstimmung, damit auch die großen Sachen klappen können.

5

Was darf man alles bestellen? Wenn du dir nicht sicher bist, dann füge doch einfach jeder Bestellung hinten an: »... auf eine Weise, die dem höchsten Wohle des Ganzen dient.« Grundsätzlich wertet das Universum viel weniger als wir selbst. Auf der anderen Seite ist es die Kraft der Einheit mit allem, und es dient dieser Einheit nicht, wenn jemand versucht, den freien Willen anderer wegzubestellen, zu manipulieren oder anderen eins auszuwischen. Da macht die universelle Urkraft sicher nicht mit. Das wäre schwarze Magie und diese ist dem Vernehmen nach immer mit irgendwelchen Opfern und schwarzen Wolpertingern, die man nachts über den Friedhof tragen muss, oder Ähnlichem verbunden.

Einer der Gründe, warum das Universum gerne liefert, ist der, dass es daran interessiert ist, dass jeder ein individuell glückliches und erfülltes Leben lebt. Denn wenn wir glücklich sind, achten wir die Natur und das Leben und sehen uns als Hüter derselben. Ein

Mensch, der in Harmonie mit sich selbst ist,
spiegelt dies auch in seinen äußeren Handlungen wider.

6

Daraus ergibt sich nahtlos der nächste Punkt:
Woran erkenne ich, ob eine Bestellung gut
ist für mich oder nicht? Spür in dein Herz
hinein und stell dir vor, das Gewünschte
wäre schon da. Wie fühlt es sich an? Richtig
oder falsch? Frag dein Herz, worum es ihm
wirklich geht und was der Wunsch hinter
dem Wunsch ist. Wünsche, die auf Wich-
tigtuereien oder Angst vor der Verurteilung
anderer beruhen, kommen aus dem Denken
und unseren Ängsten und Sorgen, aber ganz
sicher nicht aus der Weisheit des Herzens.

Das Interessante ist: Je mehr man trainiert, auf sein Herz zu hören, um den universellen Lieferboten nicht zu verpassen, desto
deutlicher hört man auch die Stimme der
eigenen inneren Essenz, der Seele oder was
immer. Und auf einmal wird es immer leichter, Herzenswünsche von Angstwünschen zu
unterscheiden, und die Seele kann immer
mehr ihren Seelenplan kommunizieren.

Und manchmal kann auch eine kleine
Fehlbestellung ganz nützlich sein. Durch

Versuch und Irrtum klärt sich so manches auf, wovon man ansonsten ewig geträumt hätte.

Ich denke da beispielsweise an Johanna aus einer der goldenen Regeln am Anfang. Zur Erinnerung: Sie wollte Kinder-Fotomodell werden und stellte dann fest, dass es ganz furchtbar langweilig ist. Hätte das Universum diesen Wunsch nicht erfüllt, wäre es vielleicht eine jahrlange Wunschvorstellung geblieben und sie hätte sich auf etwas für sie völlig Unpassendes fokussiert. So war sie schnell fertig mit dem Thema.

7

Dankbarkeit zu üben ist eine der essentiellsten Übungen. Wer undankbar ist und nörgelt, dem ist das Leben offenbar nicht gut genug. Stell dir vor, eine Freundin von dir käme immer nur zum Nörgeln und Jammern vorbei und hört dir keine Sekunde lang zu. Wie oft wirst du sie noch einladen?

Dem Universum geht es genauso, deshalb: Lass es dir gut gehen auch ohne das Gelieferte und übe dich in Dankbarkeit und darin, nach innen zu lauschen. Dann kommt der universelle Lieferbote gerne zu Besuch. Das Glück folgt dem Glücklichen, weil das

Leben lebendig ist, und wie alles Lebendige
eilt es lieber dorthin, wo eine gute Stimmung
herrscht.

8

Nicht gackern, bevor das Ei gelegt ist: Es ist
eine gute Idee, nicht alles auszuplaudern,
bevor es geliefert wurde. Die anderen laden
sonst alle ihre Skepsis, Zweifel oder gar Spott
auf dir ab, und du gerätst unter Druck und
kannst die innere Stimme nicht mehr hören.

9

Wir denken täglich Zigtausende von Einzel-
gedanken. Wie ist die Qualität deiner Gedanken und Gefühle? Was für eine Energie
sendest du überwiegend hinaus in den Kos-
mos? Mache einen Test mit einem kleinen
Piepser, den du bei dir trägst und der stünd-
lich piepst. Sobald du den Signalton hörst,
machst du dir Notizen in einem kleinen
Notizbuch: Was denke ich gerade? Wie fühle
ich mich gerade? Bewerte ich in diesem Moment irgendwen oder irgendwas oder bin
ich dankbar und froh für etwas? Gibt es ein
inneres Lächeln auf meinen Lippen? Wie ist
meine körperliche Haltung – königlich auf-
recht oder energielos schlaff? Wie steht es

in diesem Moment um den Grad meiner Selbstliebe?

Wenn du dir zu diesen Fragen zwei Wochen lang jede Stunde (außer im Schlaf natürlich) Gedanken machst, weißt du mit Sicherheit sehr genau, warum und wie du dir was in deinem Leben erschaffst und wie schnell das Universum liefern kann!

BESTELL-FORMULAR FÜR BESTELLUNGEN BEIM UNIVERSUM

1) Der Verstand ist der Kapitän im System und bestimmt die Richtung. Wo soll es hingehen? Was möchtest du bestellen? Formuliere die Bestellung positiv.

2) Was sagt dein Herz zu dieser Bestellung? Bestellt es freudig mit oder protestiert es womöglich? Es kommt überhaupt nicht auf Sinn oder Unsinn einer Bestellung an und auf Wichtig oder Unwichtig. Alles, was von Herzen kommt und aus Freude bestellt wird, hat Kraft und eröffnet neue Möglichkeiten. Alles, was murrend und aus reinem Kalkül oder Ängsten heraus bestellt wird, hat wenig Kraft. Frag dein Herz, wie viel Kraft diese Bestellung hat. Ist da richtig Spaß und Freude drin?

Fang damit an, die Hand aufs Herz zu legen und dem Herzschlag einige Minuten lang zu lauschen. Dann frag dein Herz, was es zu dieser Bestellung sagt und ob es vielleicht »Korrekturen« vornehmen möchte.

3) Das Gefühl ist der Motor, der Treibstoff und die Navigation zugleich.
Stell dir vor, das Gewünschte wäre bereits da. Wie würdest du dich fühlen? Beschreibe dieses Gefühl möglichst lebendig und auch, wie und wo im Körper du es wahrnehmen kannst.

4) Dieses Gefühl, wie es wäre, wenn das Gewünschte schon da wäre, ist auch »der Wunsch hinter dem Wunsch«. Meistens geht es uns viel mehr um das Gefühl, das wir haben möchten, als um den vordergründigen Wunsch. Wir wünschen uns das Bestellte häufig nur, weil wir uns so und so fühlen möchten.

a) Bestelle dieses Gefühl gleich mit beim Universum:

b) Notiere dir, in welchen Lebenssituationen du dieses Gefühl schon hast oder leicht ebenfalls erleben könntest. Versuche, dein Wunschgefühl möglichst oft in Gedanken oder im Alltag zu erleben. Denn er zieht alles an, was dazu passt – auch deine aktuelle Bestellung:

5) Die Schwingung des Glücklichseins und der Dankbarkeit für das Leben ist die Schwingung der Schöpfung. Auch deine Intuition und dein Draht zur inneren Führung funktionieren in diesen Grundschwingungen am allerbesten.

a) Was kannst du tun, damit es dir gut mit dir selbst geht und mit deinem Leben, so, wie es ist?

b) Wofür bist du dankbar?

6) Selbstliebe ist das Wichtigste beim Bestellen (siehe goldene Regeln). Welchen Satz möchtest du heute zu dir selbst sagen, um einen liebevollen Umgang mit dir selbst zur Gewohnheit werden zu lassen?

7) Der Beobachter von außen: Stell dir vor, du wärst ein weiser alter Eremit und du würdest dir selbst begegnen. Du schaust auf dein Leben, dein Gemüt und deine persönlichen Eigenschaften. Was würdest du als Eremit dir selbst empfehlen, was zu tun ist, um in Einklang mit dem Universum, mit dir selbst und mit deiner inneren Stimme zu sein?

Stell dir vor, du wärst ein erleuchtetes Kind aus einer anderen Welt, in der alle Wesen stets mit dem göttlichen Kern in sich verbunden sind. Das Kind lebt im Bewusstsein reiner Liebe und Freude – und es besucht dich. Was würde dieses Kind dir raten?

Als Letztes kannst du dich in Gedanken in eine alte Schamanin, deinen Lieblingsweisen oder einen aufgestiegenen Meister, einen Engel etc. verwandeln. Was würde die Schamanin/der Engel dir raten, was dein nächster Schritt zu deinem höchsten Potenzial im Leben ist?

8) Überprüfe einmal pro Woche Zufälle und Hinweise und die Gefühlsnavigation: Du hast bestellt. Was ist geschehen seitdem? Haben sich Zufälle oder Hinweise ereignet? Sind neue Gelegenheiten aufgetreten? Hat dein Gefühl dir den Weg gewiesen, dies oder das zu tun oder diese oder jene Person anzusprechen? Wie gut sind dir die Übungen 4 b bis 7 gelungen? Wurde schon geliefert? Bedanke dich für jede Lieferung beim Universum und bei dir selbst. Gratuliere dir und genieße jeden Augenblick bewusst – ob mit oder ohne Lieferung.

9) Widerstand und Groll vermehren das, wogegen du dich sträubst. Stell dir einfach vor, dass alles bereits zu deinem Besten geschieht. Indem du lernst, dich mit dem, was ist, zu versöhnen, machst du dich bereit, die Änderungen und Lieferungen in Empfang zu nehmen.

Dein Leben ist ein Wunder, und du bist ein Gewinner – egal was kommt. Schließlich hast du bei deiner Zeugung einen Wettlauf mit Millionen von anderen Samenzellen gewonnen. Du warst der/die Schnellste beim Ei. Aus dir ist ein Mensch geworden. Allein schon deshalb bist du ein Gewinner und kannst jede Sekunde deines Lebens feiern. Die anderen paar Millionen drehen noch ihre Warteschleifen, du bist schon hier. Gratuliere dir und freue dich!

Mach dir eine Liste, was du in diesem Leben schon an Schönem erlebt hast. Die Dankbarkeit für das Schöne zieht mehr Schönes in dein Leben und verstärkt deine Intuition und innere Führung.

10) Na ja, und wenn ich schon so eine lange Bestellliste für nur eine Bestellung ausfüllen muss, dann schicke ich am besten gleich noch eine nette kleine Bestellung rein zum Vergnügen hinterher. Nur damit das Universum weiß, dass ich einfach Spaß daran habe, mit ihm in Kontakt zu treten, und um den »Bestell-Freude-Muskel« zu trainieren. Hier kommt meine Zusatzbestellung:

BESTELL-FORMULAR FÜR EXPRESS-BESTELLUNGEN

Liebes Universum, ich bestelle:

Folgendes trage ich bei, um meine Intuition in Schwung zu halten:

Ich liebe mich selbst einfach so und sage mir das auch selbst:

Mein Wunschgefühl für diese Bestellung, welches ich hiermit gleich mitbestelle, ist:

Danke, danke, danke! Fertig :)

Liebes Universum, ich bestelle:

Folgendes trage ich bei, um meine Intuition in Schwung zu halten:

Ich liebe mich selbst einfach so und sage mir das auch selbst:

Mein Wunschgefühl für diese Bestellung, welches ich hiermit gleich mitbestelle, ist:

Danke, danke, danke! Fertig :)

Liebes Universum, ich bestelle:

Folgendes trage ich bei, um meine Intuition in Schwung zu halten:

Ich liebe mich selbst einfach so und sage mir das auch selbst:

Mein Wunschgefühl für diese Bestellung, welches ich hiermit gleich mitbestelle, ist:

Danke, danke, danke! Fertig :)

Liebes Universum, ich bestelle:

Folgendes trage ich bei, um meine Intuition in Schwung zu halten:

Ich liebe mich selbst einfach so und sage mir das auch selbst:

Mein Wunschgefühl für diese Bestellung, welches ich hiermit gleich mitbestelle, ist:

Danke, danke, danke! Fertig :)

ANHANG

LESETIPPS

Zu Regel 4: »Was du bist …«
Joachim Bauer: »Warum ich fühle, was du fühlst: Intuitive Kommunikation und das Geheimnis der Spiegelneuronen«, Heyne, 2006.

Zu Regel 8: »Das Licht fängt sich in dir«
Masaru Emoto: »Die Botschaft des Wassers«, KOHA, 2008.
Alexander Lauterwasser: »Wasser, Klang, Bilder – Die schöpferische Musik des Weltalls«, AT Verlag, 2002.

Zu Regel 11 und Regel 12: »Probleme wollen uns helfen«
Für mehr innere Fülle für Wohlhabende:
Bärbel Mohr: »Shopping-Guide für inneren Reichtum«, Allegria, 2009.
Für Arbeitslose:
Bärbel Mohr und Laila Schmid: »Arbeitslos und trotzdem glücklich«, KOHA, 2009.

Zu Regel 17: »Was ich tue, wenn ich nur weiss, was ich nicht will«
Bärbel und Manfred Mohr: »Cosmic Ordering – die neue Dimension der Realitätsgestaltung aus dem alten hawaiianischen Ho'oponopono«, (Buch inklusive Übungs-DVD), KOHA, 2008.

Barbara Sher: »Ich könnte alles tun, wenn ich nur wüsste, was ich will«, DTV, 2005.

Pierre Franckh: »Das Gesetz der Resonanz«, KOHA, 2008.

Zu Regel 19: » In Einheit leben«
Barbara Sher: »Wishcraft. Lebensträume und Berufsziele entdecken und verwirklichen«, Edition Schwarzer, 2004.

Zu Regel 20: »Gönne dir Dankbarkeit«
Marshall Rosenberg: »Gewaltfreie Kommunikation: Eine Sprache des Lebens«, Junfermann, 2007.

BÜCHER VON
BÄRBEL MOHR

(Anm.: In den goldenen Regeln wurde das Beste aus allen diesen Büchern zusammengefasst.)

Bestellungen beim Universum
Der kosmische Bestellservice
Reklamationen beim Universum
Übungsbuch zu den Bestellungen beim
   Universum
Lieferungen vom Universum – wie Wünsche
   wahr wurden
Jokerkarten (Kartenset)
Der Skeptiker und der Guru (Roman)

Nutze die täglichen Wunder
Der Wunschkalender (zusammen mit
   Pierre Franckh)
Das Wunder-Tagebuch
Lichtkinder (Buch und Kartenset)
Die Mohr-Methode (zusammen mit Clemens
   Maria Mohr), Buch, CD und Kartenset
Sex wie auf Wolke sieben
Fühle mit dem Herzen und begegne deinem
   Leben (zusammen mit Manfred Mohr)
Cosmic Ordering – die neue Dimension
   der Realitätsgestaltung aus dem alten
   hawaiianischen Ho'oponopono

Zweisam statt einsam, Buch und DVD
Arbeitslos und trotzdem glücklich
  (zusammen mit Laila Schmid)
Große Krise – große Chance

Das Universum, das Wünschen und
  die Liebe (Roman)
Shopping-Guide für inneren Reichtum
Neue Dimensionen der Heilung
Bärbel Mohr's Cosmic Ordering, DVD
  oder Filminhalte als Buch

Dem Teufel sei dank (ein Märchen für
  Erwachsene)
Der Wunschfänger-Engel (zusammen mit
  Dieter Hörner, ab 6 Jahren)
Neues vom Wunschfänger-Engel
  (zusammen mit Clemens Mohr)
Mama, wer ist Gott (mit einem Vorwort
  von Bruce Lipton, ab 5 Jahren)
Max und Leander – Die Superstars
  (ab 10 Jahren)

KONTAKT

1999 erschien ihr erstes und bislang erfolgreichstes Buch »Bestellungen beim Universum« (BbU). Über eine Million Bücher sind seitdem alleine zum Bestellthema von ihr verkauft worden. Insgesamt gibt es bisher ca. 20 Bücher zu verschiedenen Themen von ihr.

BbU wurde bis zum heutigen Tage in 14 Sprachen übersetzt. Seit im April 2006 einer der erfolgreichsten englischen TV-Moderatoren, Noel Edmonds, in einer Talkshow sagte, er habe sich sein TV-Comeback, seine neue Lebensgefährtin und sein neues Haus nach dem Buch von Bärbel Mohr beim Universum bestellt (in Englisch: The Cosmic Ordering Service), boomt die Nachfrage auch in England.

www.baerbelmohr.de
Bücher, Seminare und Vorträge, Tipps, Info, Shop

www.baerbelmohrblog.de
Webmagazin mit Leserkommentaren

www.cosmic-ordering.de
Die Site rund um die Technik des »Hoppens«.